Classification in the Wild

The Science and Art of Transparent Decision Making

分类思维

不确定情境中合理决策的科学与艺术

[希] 康斯坦丁诺斯 · V. 卡齐科普洛斯
[土] 奥祖尔 · 希姆谢克
[德] 马库斯 · 巴克曼
[德] 格尔德 · 吉仁泽 ———— 著

黄晟昱 ———— 译

世界图书出版公司
北京 · 广州 · 上海 · 西安

图书在版编目（CIP）数据

分类思维：不确定情境中合理决策的科学与艺术 /（希）康斯坦丁诺斯 · V. 卡齐科普洛斯等著；黄晟昱译 . -- 北京 : 世界图书出版有限公司北京分公司，2023.4
（进阶）
ISBN 978-7-5192-9728-2

I. ①分… II. ①康… ②黄… III. ①分类 – 研究 IV. ① B812.21

中国版本图书馆 CIP 数据核字（2022）第 153073 号

书　　名　分类思维
　　　　　FENLEI SIWEI
著　　者　[希] 康斯坦丁诺斯 · V. 卡齐科普洛斯　等
译　　者　黄晟昱
责任编辑　余守斌　杜　楷
责任校对　张建民
特约编辑　何梦姣　张建恩
特约策划　巴别塔文化

出版发行　世界图书出版有限公司北京分公司
地　　址　北京市东城区朝内大街 137 号
邮　　编　100010
电　　话　010-64038355（发行）　64033507（总编室）
网　　址　http://www.wpcbj.com.cn
邮　　箱　wpcbjst@vip.163.com
销　　售　各地新华书店
印　　刷　天津画中画印刷有限公司
开　　本　880mm×1230mm　1/32
印　　张　8.5
字　　数　176 千字
版　　次　2023 年 4 月第 1 版
印　　次　2023 年 4 月第 1 次印刷
版权登记　01-2023-0366
国际书号　ISBN 978-7-5192-9728-2
定　　价　68.00 元

CONTENTS 目录

引　言：为什么研究现实情境中的分类　01

第一章　现实情境中分类的四个案例　001

13 把进入白宫的钥匙：6 把为“假”，挑战者获胜　006

HIV 筛查：为何要用快速节俭树取代完整决策树　012

保释或是监禁：治安法官如何做决定　019

世贸中心的急救处理：简单检伤分类和快速治疗　027

实验室与现实情境　030

第二章　快速节俭分类　041

急症室的挑战：判断心脏病是否发作的线索　042

分类与线索　044

快速节俭分类：计数与快速节俭树　046

如何衡量分类器的表现　054

准确理解分类器的关键概念 062
拟合、样本外预测与总体外预测 065

第三章 构建快速节俭分类器 071
单独考虑每一条线索 073
建立计数规则 078
以数值线索构建分类 083
构建快速节俭树的方法 086
其他方法与线上资源 095
现实环境中的应用 096
快速节俭树与信号检测理论 100
生态理性：找到条件，产出更好的结果 103

第四章 机器学习中的分类 115
机器学习是什么 117
成功的应用：识别、筛查、皮肤癌诊断、AlphaZero 118
失败的应用：谷歌流感趋势、DNA 检测 125
机器学习模型的透明度 134
快速节俭树与机器学习：构建决策树和决策列表 135
计数法与机器学习 146
在现实世界中分类问题上的表现 149
启发式与机器学习的连接 157

第五章 认知心理学领域中的分类 167
什么是认知心理学 169
研究分类的两种文化 172

现实情境中的分类 175
实验室分类 184
两种分类的研究策略 190
复杂性悖论：问题与解决方法 194

第六章 构建一个更安全的世界 205
朋友还是敌人：检查站决策树 208
狗与飞盘：金融监管快速节俭树 219
提高安全性需要更简单的规则 231

第七章 总 结 237

参考文献 241

引言：为什么研究现实情境中的分类

> 对确定性的需求是人类的天性，然而，这也是人类智慧的缺点。如果你要在某个未知天气的日子带孩子们野餐，他们会让你就那天究竟是天气晴朗还是下雨给出武断的答案，当你不能确定时，他们会对你感到失望。
>
> ——伯特兰·罗素

想要将某个人归入某一类别（朋友或敌人；值得信任或不值得信任）是人类与生俱来的天性，这种渴求为智力发展提供了基础。如果我们不去构成类别，我们就只能注意到个例，而触及不到任何总体性的思考。然而，我们是如何进行分类的呢？以及我们应该如何进行分类呢？

心理学家倾向于关注那些明确的环境，在那样的环境中，待被分类的所有实体，其所有特征（包括概率）都是确定的。为了实现实验控制的目标，典型的实验室实验需要人们将一些人造物体（如颜色、大小各不相同的圆形和三角形）进行分类，即根据精确已知、数目固定的几个维度进行分类。

与此相反，本书离开了实验室的确定性，而着眼于现实中根本的不确定性。与典型的心理实验不同，**现实情境**指的是现实世界的环境，在这样的环境中，未来是不可知的，而且不确定性不能有意义地简化为概率。[1]这种不确定性并不必然适用于所有现实世界的环境，例如赌场里的玩家是可以计算出获胜概率的。然而，在大多数其他情况下，不确定性普遍存在，无论是选择应该投资的金融产品还是选择最合适的结婚对象。现代贝叶斯决策理论之父吉米·萨维奇（Jimmie Savage）认为，即使是计划野餐这样的事情也不在他的理论范围内，因为人们无法提前知道所有可能发生的事件。[2]我们可能首先就无法获得与事件相关的信息，甚至这些信息每天都在变化。这提出了一个问题，即现实情境中的分类是否能够在实际上基于科学，对此我们的回答是肯定的。本书介绍了一些精确的、**正式的**分类模型，在应用心理学其他一些有趣且有用的研究中，我们通常看不到这些分类模型的身影。[3]正如我们将看到的，这些正规的模型与从业者们的专业知识很好地结合在了一起。

机器学习的研究人员也研究分类问题。为应对实验室实验之外的复杂情况，他们已经开发出了神经网络和随机森林等工具。这些工具能够应对复杂性和不确定性，不过它们通常并不透明。[4]例如，当基于这些工具搭建的系统用于资金问题或应用于法庭时，贷款申请人和被告人通常弄不明白，为什么他们会被归类为不可信的那类人，有的贷款申请被拒，有的不准予以保释。在大多数情况下，此类系统不仅对银行、法官不透明，对创造它们的工程师来说，也是不透明的。

本书致力于提高不确定性环境中的透明度，为读者提供了易于理解、记忆、教授和执行的工具。这些工具让相关从业者可以在手边没有花哨的机器学习程序时（例如身处事故现场或自杀式袭击现场）做出快速而准确的决策。本书还认为机器学习应首先构建透明的算法，而不是事后再去试图解释不透明的算法。

认知心理学和机器学习之间存在着另一个深刻的区别。心理学主要是描述性的，它回答人们实际上是如何进行分类的问题，而机器学习是规范性的，它回答的是人们应该如何进行分类的问题。本书整合了“是”和“应该”这两个方面，我们关注一些启发式，这些启发式通常既具有描述性又具有规范性，也就是说，它们描述了有经验的相关从业者实际都做了什么事情，同时还对相关从业者可以如何改进工作实践提出了建议。

我们在本书中呈现的分类工具属于**有限理性**的范畴，“有限理性”这个术语是由赫伯特·西蒙（Herbert Simon）在 20 世纪 50 年代创造，[5]他是人工智能的创始人之一，也是认知革命的先驱之一。有限理性的现代研究在西蒙的传统中就是**快速节俭启发式**程序，我们呈现的这些分类工具正是基于此程序。[6]快速节俭启发式是对认知心理学和机器学习中现有模型的有益补充，使人们可以在不确定性环境中进行快速、透明和准确的分类。

本书为认知心理学和机器学习的相遇提供了一个接触点，展示了如何将心理学的分类研究扩展到不确定的现实世界中，还展示了如何从最初的认知原则（人类**计数**和**排序**的能力）中推导出简单、准确的分类规则。此外，本书有助于实现可解释化的机器学习。快速节俭的分类规则很容易理解和应用。

在本书中，我们提出了两个关键论点：

简单规则在现实情境中表现良好。在国际象棋、围棋或人脸识别等稳定的情况下，如果有大量数据可用，复杂算法的表现优于快速节俭启发式。相比之下，在现实情境中，未来是不确定的，而且未来可能以一种不可预测的方式不同于过去，无论可用数据规模是大是小，简单的启发式都可以胜过复杂的方法，我们称此为“**不稳定世界原则**”。

透明度是一个关键值。我们的生活越来越受到算法的影响，这些算法根据公民的信誉、健康状况以及社会和政治态度对其进行分类，其底层逻辑通常是不透明的，无论这是算法固有的不透明属性还是出于保护商业秘密的宗旨。而另一方面，快速节俭启发式从设计上就是透明的。在健康、财富和司法等敏感领域，理解算法的能力对于身处参与性民主制度的公民来说是必不可少的。不同于机器学习某些部分的共识，即假设最准确的算法一定既是本质上复杂的又是不可解释的，我们表明，透明的算法通常与黑匣子模型一样准确，我们称此为“**透明满足准确原则**”。

在本书中，我们证实了这两个论点可以一同发挥作用。我们并不是在使用难以理解的复杂算法与使用几乎不准确的简单算法之间做选择。在现实情境中，简单、透明并不是准确的对立面。

注　释

1. 本书以《现实情境中的分类》(*Classification in the Wild*)为名，这一书名令人联想起人类学家埃德温·哈钦斯(Edwin Hutchins)1995年的经典著作《荒野中的认知》(*Cognition in the Wild*)，该书蕴含着深刻的见解，它将认知科学的基本隐喻(即认知作为计算)应用到了大型船只上的实践工作中。虽然我们并不属于这本书所探讨的航海领域，但是在实验室之外的其他领域，这本书依然能够带领我们找到正确航向，为我们呈现一些驯服不确定性的精确算法。
2. Leonard J. Savage, *The Foundations of Statistics* (Mineola, NY: Dover, 1954).
3. See, e.g., Gary A. Klein, *Sources of Power: How People Make Decisions* (Cambridge, MA: MIT Press, 1998).
4. 辛西娅·鲁丁(Cynthia Rudin)和乔安娜·雷丁(Joanna Radin)也表明了这一看法，“Why Are We Using Black Box Models in AI When We Don’t Need To? A Lesson from an Explainable AI Competition,” Harvard Data Science Review 1, no. 2 (2019)。
5. Herbert A. Simon, *Models of Bounded Rationality: Empirically Grounded Economic Reason* (Cambridge, MA: MIT Press, 1997).

6. Gerd Gigerenzer, Peter M. Todd, and the ABC Research Group, *Simple Heuristics That Make Us Smart* (New York: Oxford University Press, 1999); Gerd Gigerenzer, Ralph Hertwig, and Thorsten Pachur, eds., *Heuristics: The Foundations of Adaptive Behavior* (New York: Oxford University Press, 2011); Peter M. Todd, Gerd Gigerenzer, and the ABC Research Group, *Ecological Rationality: Intelligence in the World* (New York: Oxford University Press, 2012); Ralph Hertwig, Ulrich Hoffrage, and the ABC Research Group, *Simple Heuristics in a Social World* (New York: Oxford University Press, 2013); Ralph Hertwig, Timothy J. Pleskac, Thorsten Pachur, and the Center for Adaptive Rationality, *Taming Uncertainty* (Cambridge, MA: MIT Press, 2019).

第一章

现实情境中分类的四个案例

FOUR CASES OF CLASSIFICATION IN THE WILD

在多车事故的现场，护理人员使用分诊系统将受害者分为：需要立即救治的人、可以延迟治疗的人以及仅受到轻伤的人。分诊是一种分类行为：护理人员考虑分类的若干类别并使用一个基于可观察线索的分类规则进行分类。这些线索包括受害者是否可以行走、呼吸以及遵循简单的命令。分类为混乱的事故现场带来秩序，让护理人员能够了解首先要治疗哪些人以挽救尽可能多的生命。

更广泛地说，把各个个体或实体分类至共享相关线索的不同组，这种能力是智力最基本的形式之一。若没有这种能力，我们的大脑就会在大量特定的观察结果和记忆中不知所措。这里给出分类的第一个定义：

> 分类是指根据线索使用分类规则将个体分配到各个类别。

分类有两个常见的含义：其一是，确定一组类别的行为，即建立分类系统；其二是，确定分类规则并将每个对象分配给某一给定类别的行为。在这本书中，我们探讨的是第二个含义。这些分类可以为两个目标服务：**诊断**和**预测**。许多国家的医生会要求孕妇接受艾滋病毒检测，这种检测会将她们分为艾滋病毒阳性或艾滋病毒阴性。在这个例子中，“诊断”就是指诊断这位女性是否被感染，关注的是已经发生的事；相反，预测则关注未来：当信用评分算法将抵押贷款申请人归类为是否有信誉时，它预测该客户是否能按时连本带利偿还贷款。因此，诊断和预测不同，但也密切相关。例如分诊系统，它是一个关于受害者当前健康状况的诊断系统，不过也包含了受害者能否生存下来的预测。

人们如何进行分类，这个问题可以在心理实验室中研究。在实验室研究中，受测个体通常是大学本科生，类别、线索和分类规则由实验者定义和控制。例如，受测个体会被要求把在固定的几个维度（如颜色和形状）不同的一些几何图形分到不同的类别中，例如将黑色三角形分配至 A 类，将白色正方形分配至 B 类。[1] 为了确保所需的实验控制，这些研究通常采用的是参与者从未遇到过的人工设定的任务。研究者的兴趣在于观察参与者使用哪些规则分类，或是他们多快能学会最佳分类规则。我们把这类有可能知道最佳分类规则的定义明确的任务称为“**实验室分类**”。[2]

然而，分类问题也可以“在现实情境中”研究。多车事故现场就是一个现实情境的例子，预测潜在借款人是否会违约也是一个现实情境的例子。通常在这些情况下，很多因素在发挥作用，包括一些永远无法预料的因素，因此我们需要首先确定相关线索。不同于实验情境设计有最佳的分类规则，现实情境在许多方面与生俱来地具有相当大的不确定性，这些不确定性无法以最优的理想设定来应对。这里给出一个重要的观点：

> 在现实情境中，未来可能以不可预知的方式不同于过去，最佳分类规则是不可知的。

在现实情况下，相关线索、类别或最佳分类规则都存在着不确定性。虽然在现实情境中不可能找到最好的规则，但是我们还是可以找到好的规则，还可以在现有规则的基础上改进。现实情境中的分类可以应对现存的情况，无须怀着实验室最佳规则能够推广到现实生活的期望将其转换为受控的世界。因此，在这本书中，我们把实验室的分类研究留给许多已经在研究这个问题的优秀书籍和文章，而专注于研究现实情境中根本性的不确定性之下的分类。

区分实验室和现实情境对于评估分类规则至关重要。在两种情境下，有用的分类规则具有系统性的不同。在一个稳定、可控的世界中，根据过往经验进行微调的规则很可能会成功。微调往往会导致统计数据和机器学习的标准库提供复杂的分类规则。相反，在动态、不稳定的现实环境中，变化可能会突然发生，对过往经验进行微调可能会导致巨大的预测错误。在这里，规则的复杂性可能需要在一定程度上减少而不是增加，这也是本书的关键原则：

现实情境中，简单规则表现良好。

简单规则的一个重要优势是其具有透明度和可用性。护理人员和医生等使用者可以轻松地理解、教授、记住和执行这些规则。

简单规则也称为启发式。在本书中，我们关注两类启发式，这两种启发式开发了人类智力的两个核心能力：计数和排序。**计数启发式**家族只计算将个体分配至某一类别的原因。**快速节俭树**家族对原因进行排序，并使得使用者基于其中一个或几个原因就能做出快速决策。

首先，我们来看看现实情境中的四个分类实例：预测美国下一任总统、筛查艾滋病毒、保释/监禁以及在“9·11”现场进行医疗分诊。这几个情境的共同点是它们都带有不确定性，尽管这些不确定性的种类和程度不同。我们可能无法完美地了解其中所涉及的线索、线索导致正确分类的概率或可能的最佳分类规则等内容。例如，如果选举是通过在赌场玩轮盘赌来决定结果，那将是红色数字与黑色数字之间的一场对抗，就有可能计算出谁将获胜的准确概率。玩轮盘赌是可计算的风险，而不是“不确定性”风险。然而，选举民意调查经常不准确，因为选民或是不承认他们的选择，或是在最后一刻改变主意，或是认为自己的选票不会对结果产生影响而待在家里不去投票。

美国总统选举每四年举行一次，预测下一任总统需要我们对参加四年一度总统选举的总统候选人进行分类，分类的两个类别是“赢家”和“输家”。该分类的挑战在于，我们要确定将两个最终候选人之一分配给“赢家”这一类别的线索和分类规则。换句话说，如何预测谁将成为下一任美国总统呢？

13把进入白宫的钥匙：6把为“假”，挑战者获胜

预测是非常困难的，尤其是预测未来。

——尼尔斯·玻尔

（也有人认为是马克·吐温、约吉·贝拉或其他人说的）

2016年11月8日这一天，当很多美国公民看到总统选举的结果时，他们都不敢相信自己的眼睛。民意调查预测希拉里·克林顿（Hillary Clinton）会以较大的优势胜出，《纽约时报》的Upshot网站预测希拉里胜出的比率为85%：15%，而在选举日，统计学家内特·西尔弗（Nate Silver）预测希拉里获胜的概率为71.4%。[3] 大数据、民意调查和预测市场的预测结果全部一致，他们充满信心。专栏作家乔恩·马克曼（Jon Markman）在《福布斯》（*Forbes*）上写道：[4]“如果你相信大数据分析，那么是时候开始为希拉里·克林顿的总统任期做规划了。”

然而，一位重要人士持有异议。美利坚大学杰出的特聘历史教授艾伦·利希特曼（Allan Lichtman）预测唐纳德·特朗普（Donald Trump）会获胜。利希特曼有一个出色的纪录，他既不依赖大数据，也不依赖复杂的算法或民意调查，正确预测了 1984 年以来的所有总统竞选。1980 年左右，他研发了“白宫钥匙”，这种预测系统采用了一种不同的方法，这种方法并没有提供表面上精确的获胜概率，而只是预测谁会赢得竞选。该系统建立在利希特曼对 1860—1980 年每届美国总统大选的历史所做的深入分析之上，提出了通向白宫的一系列钥匙，正是这些钥匙改变了美国选民的心意。

钥匙：对选民很重要的原因

一把钥匙就是对美国选民很重要的一个原因。钥匙一共只有 13 把，每把钥匙都表述为一个可以归类为“真”或“假”的命题。为简化起见，每把钥匙的表述方式如果响应“真”，则意味着对执政党候选人竞选或连任竞选有利；而响应“假”，则意味着对在野党候选人竞选有利。[5]

钥匙 1　**执政党授权**。中期选举后，执政党在美国众议院比之前的中期选举后持有更多的席位。

钥匙 2　**提名竞赛**。现任党内没有激烈的提名竞争。

钥匙 3　**在任**。执政党候选人是现任总统。

钥匙 4 **第三党**。没有重要的第三方或独立参选人。

钥匙 5 **短期经济**。竞选期间经济未陷入衰退。

钥匙 6 **长期经济**。在这一总统任期内，实际的年人均经济增长等于或超过前两个总统任期的平均增长。

钥匙 7 **政策变化**。现任政府对国家政策产生重大影响。

钥匙 8 **社会动荡**。任期内没有持续的社会动荡。

钥匙 9 **丑闻**。现任政府没有受到重大丑闻的影响。

钥匙 10 **外交、军事失败**。现任政府没有在外交、军事事务上出现重大失败。

钥匙 11 **外交、军事成就**。现任政府在外交、军事事务上取得了重大成功。

钥匙 12 **在位者个人魅力**。执政党候选人具有超凡魅力或是一位国家英雄。

钥匙 13 **挑战者个人魅力**。在野党候选人既没有个人魅力也非国家英雄。

这 13 把钥匙有一些特别之处。所有钥匙都聚焦在执政党、执政党过去的表现、执政党当前的候选人上，唯一的例外是钥匙 13，即挑战者的个人魅力。2012 年，共和党候选人米特·罗姆尼（Mitt Romney）挑战奥巴马总统时，利希特曼认为除了钥匙 1、钥匙 6、钥匙 12 之外的所有钥匙都为“真”。有些钥匙不需要我们做判断，比如候选人是否是现任总统，而其他的钥匙则需要我们做判断，例如个人魅力。为了应对这一点，利希特曼定义了标准和条件。例如，利希特曼所定义的魅力型领导人包括富兰克林 · D. 罗斯福（Franklin D. Roosevelt）、德怀特 · D. 艾森豪威尔（Dwight D. Eisenhower）、约翰 · F. 肯尼迪（John F. Kennedy）和（2008 年而非 2012 年的）巴拉克 · 奥巴马（Barack Obama）。

简单之美(一)：不要考虑权重，计数就好

不过，仍然存在一个问题：这些钥匙应该如何组合呢？统计学中惯常的方法论是，对所有选举运用逻辑回归来确定最佳权重。然而，考虑到总统选举的稀疏数据不多，这样做可能会产生模型噪音。钥匙系统之所以如此引人注目，原因在于，它使用的是一个简单的加权方式，即所有钥匙都被赋予相同的权重。它的基本逻辑是，在不确定的情况下，人们应该简单地计数，而不要试图权衡比重。对这些钥匙计数就是一个计数系统，这里的计数规则如下：

> “白宫钥匙”：如果6个或更多钥匙的值为“负”(“假”)，那么挑战者将赢得竞选。

这一规则极其简单。2016 年 9 月下旬，也就是大选前几周，利希特曼认为这些钥匙已经“尘埃落定”并做了计数。6 把钥匙反对希拉里 · 克林顿，即执政党候选人。[6]

钥匙 1　民主党在中期选举中落败。

钥匙 3　现任总统没有参加竞选。

钥匙 4　有一个重要的第三党参选人，即自由党的加里·约翰逊（Gary Johnson），预计他将获得 5% 或更多的选票。

钥匙 7　奥巴马在第二届任期内没有重大的政策变动。

钥匙 11 奥巴马在外交政策上没有取得任何重大成功。

钥匙 12 希拉里·克林顿的个人魅力比不上富兰克林·罗斯福。

因为 6 把钥匙都是“负”的，所以这个规则预测唐纳德·特朗普（Donald Trump）会赢。这场特别的选举当然不容易预测，计数为 6 是给执政党造成爆冷门的最低要求。

这里有一个重要的警示。根据利希特曼的方法，钥匙系统预测的是多数票，而特朗普并没有赢得多数票。[7] 没有任何预测系统是完美的，相比于民意调查、预测市场和大数据算法预测，基于这些钥匙系统的预测更接近实际结果。此外，如前所述，自 1984 年以来，该系统对所有选举的预测都是准确的。最重要的是，这个例子说明了“在现实情境中”，一个简单的规则可以很轻松地与基于大量数据的大数据分析或调查一较高下。同样重要的是，计数的规则是透明的：人们轻松地就能理解钥匙的规则并讨论其逻辑，不像大数据分析和神经网络那样不透明。

这些钥匙凭借着自身的透明度，揭示了具有挑战性的政治逻辑，而这个逻辑与当前的竞选思想相矛盾。除了挑战者的个人魅力之外，所有钥匙都涉及执掌白宫及其候选人的政党，而不是挑战者。自 1984 年以来，最后一把钥匙只有一次为“负”，即当 2008 年的挑战者是巴拉克·奥巴马时。其他钥匙涉及经济、外交政策成功、社会动荡、丑闻和政策创新。如果在上一个任期内表现良好，则执政党候选人获胜，否则将失败。如果挑战者获胜，获胜的原因与他 / 她本人关系不大，而仅仅是反映出执政党及其候选人在上一届任期内的表现。

这给了我们全新的启示。这与赢得电视辩论、筹集最多资金以及投资广告和新闻报道的重要性相冲突。如果这些钥匙隐含的心理是真实的，那么竞选经理在选举日就无关紧要，关注竞选策略也是不重要的事情。那些在选举日不敢相信自己眼睛的人想知道，究竟是什么促使其他那些美国公民投给了侮辱妇女、穆斯林和教皇的特朗普。如果“白宫钥匙”隐含的心理是正确的，那么这是一个错误的问题。美国选民并没有投票给特朗普，他们投票是反对前任执政党及其候选人。特朗普获胜的原因实质上与他个人无关。

“白宫钥匙”还进一步揭示了美国选民的理性，自菲利普·康弗斯（Philip Converse）对公众信仰体系的开创性研究①以来，这种理性一直受到嘲笑。[8] 很多人从那时起就想弄明白，如

① 美国著名政治学家菲利普·康弗斯在1964年发表了《公众信仰体系的本质》(The Nature of Belief System in Mass Publics)，这篇文章引发的争论延续至今。当时，政治学研究者们迫切想要了解公众如何参与政治。发展到20世纪80年代，争论主要围绕两条线，一条有关“无知的理性”，一条有关“聚合理性”。——译者注

果选民对候选人知之甚少且他们所知道的内容也无关紧要时，民主制度该如何运转。例如，据报道，人们对乔治·H. W. 布什了解最多的事实是，他讨厌西兰花以及他的狗叫米莉。[9]然而，根据“白宫钥匙”计数规则，选民几乎不会受到奇闻轶事、竞选辞令或电视辩论的影响而改变看法，并且不像通常描述的那样思想狭隘。他们关心的是这13把钥匙。如果这是真的，那么我们就上了与以往不同的一堂课：政党需要提高效率并投入扎实的政治工作。

钥匙系统是否也适用于与美国政治制度不同的其他国家的选举呢？这个问题还有待研究。然而，对每个国家的政治家和媒体来说，这个系统的核心启示可能都会被证明是有用的，那就是聚焦在治理上，而不是关注广告和竞选策略。

HIV筛查：为何要用快速节俭树取代完整决策树

> 如果我检测出阳性，我会自杀。
>
> ——一个病人[10]

HIV（人类免疫缺陷病毒）会攻击免疫系统中非常重要的细胞并导致HIV感染，最终导致AIDS（艾滋病，获得性免疫缺陷综合征）。[11]AIDS逐渐导致免疫系统衰竭，使得可能致命的感染和癌症迅速发展。HIV感染可通过某些体液（如血液、精液、阴道分泌液和母乳）的接触而发生，如果不治疗，感染后的平均存活时间约为 10 年。

HIV 筛查对没有任何症状的人进行检测。例如，美国预防服务工作组（US Preventive Services Task Force）建议临床医生对所有 15 岁至 65 岁的青少年以及成年人，包括所有孕妇进行 HIV 感染筛查。[12] 在非自愿的基础上，血库筛查潜在的捐献者、移民官员筛查移民、武装部队筛查新兵和现役人员。包括专业 HIV 咨询师在内的许多人都相信筛查结果是绝对确定的。[13] 然而，没有任何检测是确定的，即使是那些最准确的检测，例如 HIV 检测。

当检测结果为阳性（即可疑的，结果显示 HIV）但该人未感染时，就会出现假阳性。这种误报会产生极具破坏性的后果。有记录表明，假阳性检测结果的个体有的自杀，有的被社会排斥，有的承受了大量药物治疗的副作用。[14] 另一种类型的误差也有可能发生，即测试结果为阴性，而此人事实上已感染了 HIV。遗漏的这种病例（假阴性）会危及他人的健康。如果被错误地诊断为“未感染”，一个人可能会在不知情的情况下感染其性伴侣。

简单之美(二):不要考虑权重，排序就好

为了减少错误，实验室通常会执行一系列测试。他们的实际做法因实验室和国家而有所不同。通常，实验室将首先进行 ELISA 测试（酶联免疫吸附测定，或简称“酶免疫测试”）。这

个测试，取一滴血就可以满足测试所需。实验室以一个数字来报告测试结果，之后，使用一个临界值（cutoff①）将这个数字再转换为阳性或阴性结果。临界值的设置必须是任意的，这是一个持续存在争议的问题，也是 HIV 检测中许多不确定的因素之一。

如果第一次酶免疫测试的结果为阴性，则停止测试程序，受测人被告知好消息，也就是“无 HIV”。但是，如果结果是阳性的，则受测人不会被告知结果。相反，通常会进行第二次 ELISA 测试，这次测试最好是来自不同的制造商。

如果第二次酶免疫测试为阴性，则停止程序，受测人被告知“无 HIV”。但是，如果此次结果为阳性，那么结果不会被告知，而是应用蛋白质免疫印迹做最终的测试。与酶免疫测试一样，蛋白质免疫印迹是一种抗体检测测试，它通常被称为“确证试验”②，这并不是因为它的结果像一些 HIV 咨询师认为的那样是确定的，[15] 而是因为它导向最终的诊断结果，即“HIV”或“无 HIV”。图 1.1 显示了整个测试的顺序（不确定的蛋白质免疫印迹测试等复杂情况没有包含在内）。

图中所示的 HIV 状态分类规则是快速节俭树的一个实例。三个测试按顺序排列。每次酶免疫测试后，一个结果会引发一

---

① cutoff是被检分析物的量值，用于确定结果高于还是低于临床或分析决断点。——译者注

② 确证试验是指目前用于确诊HIV感染的诊断方法，主要技术方法是免疫印迹试验。——译者注

个即时的诊断；最后一个测试（蛋白质免疫印迹）之后，不管怎样，都要做出一个决策。

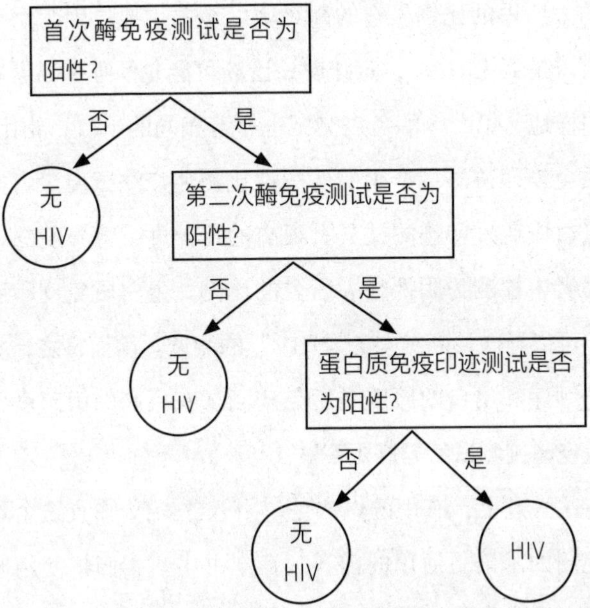

图1.1

对公众进行HIV筛查。如果第一次酶免疫测试为阴性，则诊断为“无HIV”。否则，进行第二次酶免疫测试，如果此次结果呈阴性，则诊断为“无HIV”。否则，进行蛋白质免疫印迹法检测，该检测确定最终分类。

为什么要按照这个顺序进行测试呢？原因之一是酶免疫测试价格更便宜。不过，也有另外一个原因：首先应用酶免疫测试是因为它比蛋白质免疫印迹测试产生的漏报数更少。也就是说，当酶免疫测试为阴性时，它的出错率较低。换句话说，酶免疫测试具有很高的灵敏度，灵敏度的定义是感染者中检测呈阳性的人所占的比例。它的高灵敏度至关重要，因为酶免疫测试的出口是“无 HIV”，意味着该诊断可能犯的唯一错误就是漏报。同样地，第二个酶免疫测试也有着相同的出口。相比之下，蛋白质免疫印迹测试产生的假阳性比酶免疫测试要少。换句话说，蛋白质免疫印迹测试具有很高的特异度，特异度的定义是未感染者中检测为阴性的人所占的比例。蛋白质免疫印迹测试是唯一可以导向诊断结果为“HIV”的测试。简而言之，如此安排检测顺序和出口的原因是酶免疫测试有更高的敏感度，而蛋白质免疫印迹测试特异度更高。

在这一点上，有用的做法是，引入比 HIV 筛查这个具体案例所使用的术语更通用的内容。在本书中，我们将使用通用术语线索来说明酶免疫测试、利希特曼的钥匙或其他的一些属性。我们将使用符号 k 表示线索的数量，这里 k=3。如果一条线索只有两个值，如“正 / 负”或“是 / 否”，则这条线索称为二元线索。快速节俭树中，可以进行分类的空间称为“出口”。在一个树形图中，出口以圆形表示，线索以矩形表示。对于二元线索 k，一个快速节俭树正好有 k+1 个出口。例如，在图 1.1 中，我们看到四个出口，其中三个出口导向诊断结果为“无 HIV”，一个出口导向诊断结果为“HIV”。如果与此相反——分类规则是一个完整的决策树，那么每个人都将接受所有的三个测试，而决策是根据所有三个结果而做出的。一个具有 k 个二元线索的完整树有 2^k 个出口，就艾滋病毒检测而言，这就需要 8 个出口，而不是 4 个出口。快速节俭树在几个方面简化了分类过程，包括使用较少的线索和出口、不用加权和赋予线索值。

为什么要使用快速节俭树取代完整决策树？

使用一个完整决策树来筛查 HIV 需要更多的测试，也会产生更多的数据——人们可能认为这种做法总是更有益的。令人惊讶的是，事实并非如此。为了更好地理解这个反直觉的答案，让我们来假设有 1000 万接受 HIV 筛查的低风险个体。假设每一万人中就有一个人未检测到 HIV（这个假设值对许多国家来说都是一个较为实际的估计）。因此，在这 1000 万个体中，我们预计会有 1000 人在不知情的情况下被感染。一个完美的测试会将感染 HIV 的每个人都归类为阳性，将所有未感染的人归类为阴性。但是，现有的测试都无法达到如此完美。

根据一项大型研究，单次酶免疫测试的灵敏度约为 99.7%，特异度约为 98.5%，然而这两个数据的值差异会很大。[16]99.7% 的灵敏度意味着在 1000 个感染个体中，我们预计第一次酶免疫测试将正确地识别 997 个个体为阳性而遗漏了 3 例。也就是说，当图 1.1 中的快速节俭树应用于 1000 万人时，第一个出口除了这 3 个分类为“无 HIV”的个体，其他所有分类都是正确的。因此，若在这个出口继续应用第二次酶免疫测试和更昂贵的蛋白质免疫印迹检测每个人，最多也只能纠正 3 个错误。

使用完整树不仅在时间成本和预算方面会非常昂贵，而且还会产生新的错误，即新的误报。让我们再以快速节俭树的第一个出口为例。在此出口，我们预计 9999000 名健康个体中的 98.5%（这是酶免疫测试的特异度）将被正确归类为“无 HIV”。这相当于 9849015 个正确的分类（以及前面提到的 3 个不正确的分类）。如果我们继续检测所有这些个体，第二次酶免疫测试可能会消除 3 个漏报，但是它会产生更多新的假阳性。[17]

一般的观点是，进行更多的测试可能会消除一些漏报，但会导致许多误报。同时，这里所使用的数字远没有它们看起来那么精确。事实上，酶免疫测试和蛋白质免疫印迹测试实际的灵敏度和特异度存在着很大的不确定性，不同的研究和不同的实验室之间报告的数值差异很大，数值范围在 97% 到 99.999%。[18] 如果我们将这些数字应用于先前的例子，那么我们预计的漏报将不是 3 次，而是 0 到 30 次，且未知其概率分布。这种不确定性的来源是多方面的：我们没有普遍达成共识的程序来决定什么是阳性或阴性结果，这意味着实验室和诊所之间的程序各不相同；测试本身由不同的制造商生产，因此质量也各不相同；检测结果不只是阳性或阴性，它还可能是不确定的；关于后续测试之间的依赖关系，我们也没有可靠的数据可供估算出有前提条件的敏感度和特异度。

HIV 检测表明了，在某些诊断情境下，快速节俭树可以高效分类。如果某一类（例如普通人群中的 HIV 感染）很少见，而另一类（例如本例中的没有感染）很常见，我们选择快速节俭树而不是完整树，就可以（1）大大减少医生花在检测上的时间，减小医疗保健所承受的经济负担，（2）以相对较少的漏报为代价保护大量个体不被误诊。因此，一个完整树并不比快速节俭树有优势。总体得出的教训是，做更多测试并不总是效果更好。

“白宫钥匙”和 HIV 检测分类程序有着共同的原理。两者都简化了流程、易于理解并且可以与更复杂、更耗时的分类程序一较高下，甚至优于它们。这两者的不同之处在于它们是如何简化流程的。“白宫钥匙”使用了相对较多的线索（13 把钥匙），对所有线索一视同仁，简单地进行计数并记录。HIV 检测程序则依赖于相对较少的线索（一个、两个或三个测试），但它把线索按顺序排列。在这两种情况下，线索都不是定量加权的，也没有估算线索之间的依赖关系。计数和快速节俭树是创建稳健分类规则的两种不同方式。

保释或是监禁：治安法官如何做决定

> 我们的治安法官有学校食堂女职工也有科学家，有公交司机也有教师，有水管工人也有家庭主妇。他们有不同的信仰，来自不同的种族背景，有的人有身体障碍。所有人都在为他们的社区服务，以确保当地的正义由当地人民来执行。
>
> ——工党大法官欧文勋爵

当地的正义应该由当地的人来参与维护，这个理想观念存在已久。英格兰和威尔士的法律体系长期以来一直让当地的社区参与处理一些刑事案件，比如盗窃、毁坏、性侵犯和危险驾驶等。当地的志愿者被称为“治安法官”或“太平绅士”。大多数人都是非专业人士，除了一些补助金以补偿收入损失和交通费用，他们的服务是没有相应报酬的。每一两个星期，治安法官要出席法庭，两三个人坐在一条长凳上。他们的任务是，决定是否应该允许被告在本案下一次听证会之前“被释放”，也就是说，要决定是准予保释（无条件释放）或拒绝保释，后者将导致监禁或有条件保释，比如宵禁等。拒绝保释的理由包括怀疑被告有可能犯下其他罪行、威胁证人或在审判前离开该国。治安法官的决定会对个人被告产生重大影响，也会对公众产生重大影响。与被保释的个人相比，还押候审的被告更有可能失去家庭、工作和家庭关系。[19] 同时，若保释被告而该被告随后犯下另一项罪行，这也会对整个社会构成威胁。

治安法官应该如何做出此类将产生重大结果的决定？法律规定，治安法官应注意到该违法行为的性质和严重程度，注意到被告人的性格、社区关系和保释记录，以及注意到诉讼案的力度、如若定罪可能有什么判刑以及其他相关的因素。[20] 法定诉讼程序最理想的做法建立在透彻分析每个被告人特征的基础上，以尽量减少受到刑罚的无辜辩护人。然而，对于治安法官应该如何整合所有这些信息，法律并没有规定。治安法官也没有机会从经验中学习，法律系统也没有对治安法官的决定实际上是否恰当给予反馈。此外，治安法官还面临着更多具有不确定性的信息来源。他们经常缺乏信息，即使信息可用，他们也不知道该信息能够多大程度上帮助他们预测被告是否会潜逃、保释后是否会干扰证人等等。最重要的是，由于待处理案件数量大，治安法官每天都要承受时间压力。仅在英格兰和威尔士两地，治安法官每年就必须对大约 200 万名被告——也就是所有刑事案件的大部分被告——做出决定。

治安法官如何做决定？

在面谈中，治安法官常常汇报说，他们适当地审查了所有证据以公平且没有偏见地对待各个被告。例如，一个人解释说，这个决定“依赖于大量对信息的平衡以及我们的经验和受到的培训”，另一个人解释说，“每个案件都是一个独立的案件”。某委员会的主席说：“针对如何质询以及仔细评估所得的证据，我们接受过训练。”[21] 基本上，他们的说法呼应了法律对他们的期望。一位治安法官宣称：“治安法官所做的复杂决策是无法研究的。”[22]

心理学家曼迪普·达米（Mandeep Dhami）在 4 个月的时间里观察了伦敦两家法院的数百场听证会，以确定治安法官行为背后的基本原理。[23] 法官在每位被告身上平均花费的时间在 6 分钟到 10 分钟。伦敦治安法官可以获得的线索包括被告的年龄、种族、性别、社区关系的强度、犯罪行为的严重程度、种类以及数量、与受害者的关系、抗辩（有罪 / 无罪 / 无抗辩）、先前的定罪、保释记录、诉讼案的力度、如若定罪的最高刑罚、休庭的原委、休庭时间、先前休庭的次数、起诉请求、辩护请求、先前的法庭保释决定和警方保释决定。但是，实际可用的信息因具体案件而异。治安法官还要看被告是否出席了保释听证会、他 / 她是否有合法代表以及由谁代表。

达米记录了每个案例的可用信息，还测试了对所有这些信息进行线性增加与加权会对保释决定产生怎样的效果，并且把测试结果与仅考虑少数线索的快速节俭树做对比。结果，快速节俭树都能最好地预测两家法院的决定。图 1.2 的树模拟了治安法官在第一家法院的决定，它正确预测了 92% 的决策。这些决策在图 1.2 中被称为“保释”和“监禁”，这里的“监禁”略去了惩罚性条件，它包括监禁和宵禁。内在的逻辑其实很简单。当控方反对保释或要求有条件保释时，治安法官也反对保释。如果没有信息或没有可用的信息，第二条线索就会发挥作用。如果先前的法庭施加条件或还押候审，治安法官也决定不保释。否则，他们会考虑第三条线索，并根据警方是否施加条件来做出决定。对治安法官在两家法院的决定做预测的快速节俭树有着完全相同的结构，而且三条线索中有两条线索是完全相同的。[24]

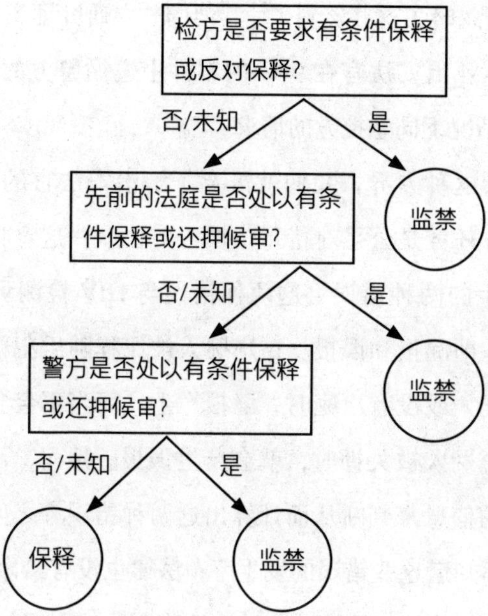

图1.2

保释还是监禁？快速节俭树描述了伦敦治安法官如何判定是否准许或拒绝被告保释。拒绝保释意味着监禁或者判处惩罚性条件，比如宵禁，这里统称“监禁”。

我们可以看到，治安法官在面谈时汇报的行为与图 1.2 中的分类规则所显示的行为之间存在显著差异。如前所述，当被问讯时，治安法官倾向于说自己仔细权衡了所有的证据。很少有人提到保释树中的三条线索。对另一组伦敦治安法官进行的再次研究证实了这一结果。虽然治安法官只依靠这么几条线索，但是他们往往要求提供更多关于被告的资料，然而他们随后在做决定时却忽略了这些资料。[25] 其他的独立研究证实了图 1.2 中的具体线索：治安法官在 99% 的案件中遵循警方的保释建议，在 95% 的情况下同意控方的请求。[26]

要理解这种差异，我们就需要了解治安法官的心理状况。他们的官方任务是公平对待每位被告与公众，这意味着要去平衡可能产生的两种错误。这两种错误与 HIV 检测可能会犯的错误一样，即漏报和误报。在嫌疑人被保释随后犯下另一项罪行、威胁证人或没有出庭时，漏报产生。而当不会犯下任何这些罪行的嫌疑人被关押时，就会产生误报。然而，治安法官没有所必需的信息来判断从而计算出这两种错误率之间的最佳平衡。他们不知道这些错误的发生率，法律也没有给出任何指示。一方面，英国法律机构不收集治安法官判决错误率的相关数据。并且，即使漏报发生率的统计数据可以保留下来，相同的操作也不能对误报执行，没有任何方法可以确定被监禁的个体如若被保释是否会犯罪。也就是说，治安法官是在相当高的不确定性下做判断，而他们并不知道如何完成他们的任务。

在这种情况下，治安法官显然就会去试着完成一项他们更有能力完成的任务，即首先保护自己，这种动机被称为**防御性决策**①。[27] 只有当被释放的嫌疑人未能出庭或在保释期间有违法行为或犯罪时，才能证明治安法官判决错误，这类案件经常成

① 选择次优方案，比如A方案本是最佳选择，但最终入选的却是次优方案B，因为一旦出现问题，决策者可以更好地保护自己。——译者注

为头条新闻。为了保护自己免受媒体或受害者可能发出的指控，治安法官遵循了图 1.2 的快速节俭树所体现的防御逻辑，即除了一个出口，其他每个出口都是“监禁”。只有在控方、上一法庭或警方均未做出或要求做出惩罚性判决（例如监禁）的情况下，他们才会准予保释。这样，如果他们错误地保释了被告，治安法官可以声称该罪行此前是不可预料的，以此为自己辩护。这种形式的防御性决策也被称为“推卸责任”。

图 1.2 中的保释 / 监禁树是描述性的，它模拟了治安法官实际的分类。这不是规定性的，也就是说，它没有提供一个治安法官应该如何做出保释 / 监禁决定的程序。与之相反的是，正当程序的法律概念是规定性的，但如前所述，它并未明确地列出分类规则。然而，图 1.2 所示的分类规则似乎违反了正当程序：治安法官很少关注个体被告人，相反他们依赖于警察、检方或之前审理案件的法院要求。有人可能会争辩说，在警方或检方已经审查了与被告有关的所有证据之后，治安法官只是走了一条捷径。然而，快速节俭树中的三个防御线索与其他线索（例如犯罪行为的性质和严重性）都是没有关联的。[28] 此外，如果这一论点成立，它就会提出一个问题：起初为什么需要设立治安法官？

保释 / 监禁树是透明的：我们很容易就能看懂保释决定的防御逻辑以及它与正当程序的冲突。然而，在美国法院，法官、缓刑监督官和假释官越来越多地使用复杂的预测算法，这些算法通常基于大数据和机器学习，缺乏透明度。据称，这些复杂的算法比人类分类更准确，偏见更少。自1998年以来，COMPAS风险评估工具已被用于评估超过100万名的罪犯。该算法根据137个特征和被告的过往犯罪记录，对被告在未来两年内犯下轻罪或重罪的可能性做出预测。例如，威斯康星州（Wisconsin）的一名男子被判处6年监禁，部分原因就是COMPAS算法预测了他重犯（再犯）和暴力行为的概率很高。考虑到该算法工作原理是商业秘密，法官和被告都不可能弄清楚它的工作原理。最终当测试这些预测的质量时，结果表明，仅使用两条线索（被告的年龄和先前定罪的数量）所做的预测，被证明与具有超过137条线索的COMPAS算法一样好。而且，一项对1000名被告的分析显示，COMPAS在大约35%的案件中预测错误（包括误报和漏报），这个比率与那些没有预测再犯经验的非专业人士所做的一样多。[29]此外，ProPublica网站报告称，该算法显示出对非裔美国人的偏见。[30]虽然我们无从获得经验丰富的治安法官表现如何的数据，但是要想比使用那个“黑匣子”算法来做预测时发生更多的错误，那将是比较困难的。

这份对伦敦法院所做的研究在发表后引起了不小的轰动。一个治安法官大部分都在“推卸责任”的法律制度有多可取呢？考虑到保释树预测了所有保释决定的90%以上，当地人为当地司法服务的理想是否应该由图1.2中快速节俭树类似的算法取代？另一更具建设性的解决方案是，法律系统应做出支持治安法官的举措，让他们能够做出防御性更低、更有根据的决定。

世贸中心的急救处理：简单检伤分类和快速治疗

> 不管怎么说，还是需要一个非常简单的工具，它可以判断出某个病人要优先处理。
>
> ——SMART分诊标签的发明者科林·斯马特

2001 年 9 月 11 日上午，纽约市消防局紧急医疗服务部门（Emergency Medical Services division of the New York City Fire Department）的路易斯·库克（Louis Cook）被告知一架飞机撞击了世贸中心。他回想起，当时自己内心首先假设的是，一架轻型飞机从空中走廊走错了方向。[31] 当他和他的护理人员到达现场时，他们被要求在 1 号塔楼设立一个分诊区域，分诊区域要设立在 1 号塔楼旁的地面上，1 号塔楼刚刚被击中，大火还在楼上熊熊燃烧。然而，当护理人员还未能取得很大进展之前，第二架飞机就撞上了 2 号塔楼，塔楼很快就倒塌了。在 1 号塔楼也倒塌之后，紧急服务部门遭到了严重破坏，救援队的人员伤亡惨重。双子楼坍塌的尘埃尚未落定，团队的其余成员就进入了混乱的坍塌区域，并使用分诊系统帮助识别那些首先需要帮助的受害者，该系统被称为“简单检伤分类和快速治疗”（Simple Triage And Rapid Treatment，START）。[32]START 系统将受伤人员分为四类：需要立即治疗的人、重伤但可以延迟治疗的人、受轻伤的人以及濒临死亡且只能给予姑息治疗和疼痛缓解的人（图 1.3）。

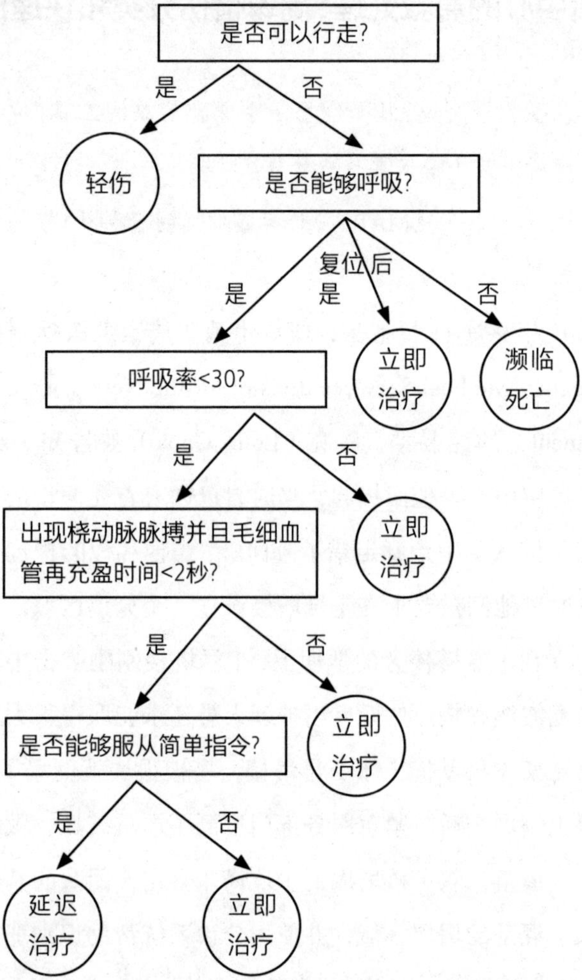

图1.3

简单检伤分类和快速治疗，一种用于识别需要立即得到救治的受害者的分类系统。

第一个问题是，这个人能否行走。如果能行走，则分类为“轻伤”。如果不能行走，则下一个问题是，这个人是否有呼吸。如果没有呼吸，则分类为“濒临死亡”。但是，如果护理人员能够通过倾斜受伤人员头部来清理气道使其能够呼吸，这将导向“立即治疗”。如果病人可以在没有帮助的情况下呼吸，那么还有三个问题，若回答为“否”，则结果总是导向“立即治疗”；只有当所有问题都得到“是”的回答时，才会“延迟治疗”。

在大规模伤亡事件的混乱现场，救援人员先对受伤人员进行分类，随后用一个能够反映其类别（受伤的严重程度）的彩色标签来标记受伤者。绿色标签表示“轻伤”状态，黄色标签表示“延迟”状态，红色标签表示“立即治疗”状态，黑色标签表示“濒临死亡”或“死亡”状态。标记受伤者既可以让其他救援人员看到诊断结果，也避免了在恐怖袭击或大规模事故的混乱现场不必要地重复分诊流程。

START 系统是具有四个类别的快速节俭树，这与前文中具有两个类别的示例不同。START 系统与前文介绍的决策树还有所不同的是，它所有的问题中有一个关于呼吸的问题，这个问题有三个可能的答案，其中的两个答案直接导向分类。正如 START 的名字所显示的那样，START 系统简单且快速。

START 系统于 1983 年由加利福尼亚州新港比奇的霍格医院（Hoag Hospital）的成员创建，目前在美国和欧洲得到了广泛的使用。这个系统有几个修订版本，这些版本的类别和线索数量不同，其中包括针对 8 岁以下儿童的 JumpSTART 分类系统。[33]START 系统帮助响应者在高度不确定的情况下进行分类。护理人员使用此树，则无须搜索和整合所有相关信息就能分类，在紧急情况下，他们配备的分类规则非常简单，易于教授、记忆且能够快速执行。

实验室与现实情境

“白宫钥匙”的计数以及用于 HIV 筛查、保释判定和紧急治疗的快速节俭树阐明了在现实情境中进行分类的三个一般性特征。

不确定性

分类研究探讨了两种环境中的分类。实验室中的分类探讨的是定义明确的情况，线索及其权重以及最佳分类规则在这种环境中都是已知的，因为实验者通常已经创建了一个受控的人造世界。它的分类规则可以是确定性的或概率性的。“如果对象是正方形、黑色带有条纹，则属于 A 类，否则属于 B 类”之类的规则，如果它确定地导向某一正确的分类，就是确定性规则。如果规则以一个已知概率（例如 90%）导向某一正确的分类，则该规则是概率性的。

相比之下，在现实情境中的分类探讨的是现实世界的情况，这种确定程度（不管它是确定性的还是概率性的）都是达不到的。不确定性有多种来源，包括：

线索的不确定性：在典型的实验室研究中，在固定已知的一组线索上，对象与对象之间有所不同，与这种研究不同的是，在现实情境中，各个相关线索可能是未知的或不可知的。

线索权重的不确定性：各条线索的权重可能是未知的或不可知的。

最佳分类规则的不确定性：在不确定性的情况下，不可能已知最优分类规则。

总之，不确定性出现在未来可能以一种不可预测的方式不同于过去的情况下。因此，如果去构建一个“最佳”分类规则去尽可能准确地描述过往的分类，就可能会引起错误的判断。与此相反，我们认为，简单启发式（例如计数和快速节俭树）可以在现实情境中表现良好，因为它们依赖于稳定的原则（例如计数和排序）来减少错误。

实验室中的分类和在现实情境中的分类之间的区分也不是绝对的，不同情境的不确定性或高或低。这种区分使人回想起经济学家弗兰克·奈特（Frank Knight）对风险和不确定性所做的区分[①]，也就是在备选方案、后果、概率的完全状态空间分别在已

① 在《风险、不确定性与利润》这本书中，奈特指出，我们将用“风险”指可度量的不确定性，用“不确定性”指可度量的风险。——译者注

知和未知之间的情况。[34]这也让人想到NASA术语中“已知的未知”和“未知的未知”之间的区别，美国前国防部长唐纳德·拉姆斯菲尔德（Donald Rumsfeld）让这两个术语为大众所知。①

描述与规范

规则可以是描述性的，也可以是规定性的。它可以描述人们做了**什么**，或是规定他们**应该**做什么。沿着这条界线，整体学科可以划分为：人类学是描述性的，哲学是规定性的；认知心理学对人们实际如何进行分类感到好奇，机器学习则主要对应该如何进行分类感兴趣。大多数哲学家拒绝使用心理学为理性或道德的规范理论提供信息，他们将这种方法称为“自然主义谬误（naturalistic fallacy）”②，其他的哲学家则认为心理学让哲学更加现实、更有意义。[35]在行为经济学和决策理论里，人们经常提出理性的规范理论（理想的人会做什么）而很少考虑人

① 布什内阁中的国防部长唐纳德·拉姆斯菲尔德擅长使用政治语言抵挡质疑，在2002年2月12日的国防部新闻发布会上，在被问到“将萨达姆·侯赛因与大规模杀伤性武器联系起来缺乏证据”时，他回应道：“就我们所知，有些是已知的已知。有些事，我们知道我们知道。我们也知道，有些是已知的未知。这就是说，我们知道有些事我们并不知道。但还有一些是未知的未知，那些事我们不知道我们不知道。”——译者注

② 自然主义谬误是一种逻辑谬误，认为某事物是自然的，用以表明它必然是好的。这种观点的一个主要缺陷是，“自然”一词的含义在某些情况下可能是清楚的，但在另一些情况下可能是模糊的。——译者注

们实际上是如何做出决定的，人们的偏离行为则被认为是人类思维中的缺陷，而不是规范理论本身的缺陷。[36]“是”和“应该”之间的分歧根深蒂固，从而阻碍了学科之间的融合。

相反，本书是一个既具有描述性又具有规范性的研究项目。它挑战了传统，不再将学科划分为“是”和“应该”两个领域。这一项目旨在研究成功的专业人士实际上是如何进行分类的，并且调查这些规则是否稳定以能够被视为规范性规则。回想一下 HIV 筛查和“9 · 11”分诊规则。图 1.1 的快速节俭树描述了大多数医生如何将人们分类至 HIV 阳性和 HIV 阴性的不同组别，同时，它也是一个规定性规则，规定了人们如何进行分类。同样地，图 1.3 中的分诊规则向护理人员做了规定，规定他们应该如何对事故中的受害者进行分类，同时这一规则也描述了他们实际是如何进行分类的。

“描述”以描述过程和描述结果两种方式加以使用。本书旨在建立实际分类过程的模型，也就是说，模型会涉及认知和行为的步骤。例如，一个快速节俭树描述了首先要查找哪条线索、何时停止搜索线索以及如何进行最终的分类。过程模型不同于结果模型，后者的目的不是在于描述过程而是仅仅描述最终的分类。正如我们将在第五章看到的，认知心理学中的一些理论似乎也更关心结果而不是过程。

“规范性的”不应与“最佳的”相混淆。只有在一系列假设的条件下，一个分类规则才是最佳的。这些假设的有效性可以在实验室中得到保证和验证，但在现实情境中很难做到。在现实情境中，人们可以找到比现有规则更好的规则，这是通过对规则的执行时间、是否便于记忆、成本、敏感度和特异度等标准来衡量的，也是根据可用数据来判断的。在现实情境中试图确定最佳分类规则可以说是一厢情愿：不确定性（与风险相对的）是不会被概率论驯服的。不稳定世界原则表明，实验室对最佳的探求，应该被现实情境中对简单的探求所取代。

本书通常从分析成功的专业人士实际所做的工作开始，然后把分类程序看作潜在的规范性规则继续调查和测试。在这里，“是”为“应该”提供了灵感。这种方法不同于那些把“应该”通过一种方便的统计传统（例如回归模型和贝叶斯统计方法）定义为“先验”的研究项目，那些研究项目可能与分类实际上是如何进行的过程研究几乎没有关系。

透　明

关注过程传递了一个重要的优势：规定是透明的，它们易于教授、学习和应用。本书旨在探讨可用的透明规则。这里是对“透明”的一个定义：

> 如果一组用户能够理解、记忆、教授和执行某规则，那么该规则对该组用户来说就是透明的。

透明是一个相对的概念：对设计规则的人来说，规则可以是透明的，但是对必须使用它的人可以是不透明的。简单启发式支持对所有用户的透明。相比之下，逻辑回归对于大多数医生和护理人员来说远非透明，神经网络的工作原理甚至对其设计者也可能不透明。透明使得用户能够在必要时在可支配的时间、合理的场合（例如法庭或事故现场）进行适当的调整。例如，如果受难者坐在轮椅上，那么 START 系统的第一个问题可以省略。

透明这个价值与预测准确度可以是同样重要的。然而，透明在认知心理学的许多实验室研究中只发挥了很小的作用，这些实验往往提出一些高度复杂、不透明的随机模型去解决相对简单的一些任务。为了在准确度上获得极小的提升——更高的准确度可能会迁移到真实世界，也可能不会——而增加数学性的复杂度，就其本身不应该是一个价值。

透明还具有法律和道德价值。在这个大数据的世界里，算法越来越多地从金融信誉到社会信用评分各个方面评估公民。与此同时，许多国家的人们都无法了解他们的信用评分是如何计算的，因此也无法了解贷款申请被拒绝的原因。强烈影响着我们生活的许多算法都是商业机密。

于 2018 年生效的欧盟《通用数据保护条例》[1] 是为提高算

① 《通用数据保护条例》(General Data Protection Regulation)，简称 GDPR。2016年4月14日欧洲议会投票通过了该条例，条例公布正式文本的两年后，即2018年5月25日生效。条例规定处理个人数据必须要有合法理由，包括数据主体的同意、为了履行合同需要、履行法定义务的需要以及数据控制者的合法利益等。——译者注

法及其使用数据的透明度在法律上采取的行动。该条例要求各个公司向客户提供个人数据使用的有关信息，这些信息要透明、易懂且易于访问。对于自动分类和资料收集，赋予公民访问“与所涉逻辑相关的、有意义的信息”的权利。[37] 就在本书付印之际，美国还没有类似的法规来管理犯罪画像，比如使用 COMPAS 算法来评估再犯概率，无论是法官还是被告（也可能是原告）都无法理解该算法的逻辑。我们认为，算法透明影响人们做出对其个人而言需谨慎对待的决策，它应该是每个民主国家的公民权利。[38]

注 释

1. William K. Estes, *Classification and Cognition* (New York: Oxford University Press, 1994), chap. 5.
2. 请注意这里是对相关术语的定义，不是对所有实验室研究所做的陈述。我们也可以研究实验室中那些定义不明确的分类任务，不过那样的情况很少出现。
3. Josh Katz, “Who Will Be President?” Upshot, *New York Times*, November 8, 2016, https://www.nytimes.com/interactive/2016/upshot/presidential-polls-forecast.html?_r=0; https://projects.fivethirtyeight.com/2016-election-forecast. 两周之前，西尔弗的多种预测模型都预测出希拉里·克林顿的胜率高达95%。
4. John Markman, “Big Data and the 2016 Election,” *Forbes*, August 8, 2016, https://www.forbes.com/sites/jonmarkman/2016/08/08/big-

data-and-the-2016-election/#5e5678e71450.
5. Alan J. Lichtman, *Predicting the Next President: The Keys to the White House* (Lanham, MD: Rowman and Littlefield, 2016).
6. Peter W. Stevenson, "Trump Is Headed for a Win, Says Professor Who Has Predicted 30 Years of Presidential Outcomes Correctly," *Washington Post*, September 23, 2016, https://www.washingtonpost.com/news/the-fix/wp/2016/09/23/trump-is-headed-for-a-win-says-professor-whos-predicted-30-years-of-presidential-outcomes-correctly/?utm_term=.e3a8b731325c.
7. 1824年以来的49次竞选中，普选的赢家44次赢得了竞选。希拉里·克林顿以2.1%的优势赢得了普选。
8. Philip E. Converse, "The Nature of Belief Systems in Mass Publics," in *Ideology and Discontent*, ed. David Apter (New York: Free Press, 1964): 206–261.
9. Gerd Gigerenzer, *Gut Feelings: The Intelligence of the Unconscious* (New York: Penguin, 2007), chap. 8.
10. Gerd Gigerenzer, *Calculated Risk: How to Know When Numbers Deceive You.* (New York: Simon & Schuster, 2002), chap. 7.
11. 此处，HIV指的是HIV-1，是HIV的主要流行株，在世界范围的感染中占95%。HIV-2在西非地区流行。
12. Virginia A. Moyer, "Screening for HIV: US Preventive Services Task Force Recommendation Statement," *Annals of Internal Medicine* 159, no. 1 (2013): 51–60.
13. Roman Prinz et al., "What Counselors Tell Low-Risk Clients about HIV Test Performance," *Current HIV Research* 13, no. 5 (2015): 369–380, https://doi.org/10.2174/ 1570162X13666150511125200.
14. Gigerenzer, *Calculated Risk*, chap. 7.

15. Prinz et al., "What Counselors Tell Low-Risk Clients."
16. 该研究结果建立在752家美国实验室所做的HIV检测的基础上，请参见Roger Chou et al., "Screening for HIV: A Review of the Evidence for the US Preventive Services Task Force," *Annals of Internal Medicine* 143, no. 1 (2005): 55–73。
17. 扩大快速节俭树造成的又一难点在于，需要明确规定如何打破联系，比如打破ELISA测试的阳性结果与阴性结果之间的联系。
18. Nora M. Doyle, Judy E. Levinson, and Michael O. Gardner, "Rapid versus Enzyme-Linked Immunosorbent Assay Screening in a Low-Risk Mexican American Population Presenting in Labor: A Cost-Effectiveness Analysis," *American Journal of Obstetrics and Gynecology* 193, no. 5 (2005): 1280–1285.
19. D. Hammond, "The Effects of Remand," *Prison Service Journal*, no. 69 (1988): 19.
20. 1976年的《保释法》及其后续的修订版本。请参见Mandeep K. Dhami and Peter Ayton, "Bailing and Jailing the Fast and Frugal Way," *Journal of Behavioral Decision Making* 14, no. 2 (2001): 141–168。
21. Dhami and Ayton, "Bailing and Jailing," 163.
22. Mandeep K. Dhami, personal communication, 2003.
23. Mandeep K. Dhami, "Psychological Models of Professional Decision Making," *Psychological Science* 14, no. 2 (2003): 175–180.
24. 只有检方的那条线索替换成了"被告人是否有类似罪行的前科？"，如果"是"，则拒绝保释。
25. Dhami, "Psychological Models."
26. Dhami, "Psychological Models."
27. Gerd Gigerenzer, *Risk Savvy: How to Make Good Decisions* (New

York: Viking, 2014), chap. 3.

28. Dhami, "Psychological Models," 177.

29. Julia Dressel and Hany Farid, "The Accuracy, Fairness, and Limits of Predicting Recidivism," *Science Advances* 4, no. 1 (2018): eaao5580.

30. Jeff Larson et al., "How We Analyzed the COMPAS Recidivism Algorithm," *ProPublica*, May 23, 2016, 5–9.

31. Louis Cook, "The World Trade Center Attack: The Paramedic Response; An Insider's View," *Critical Care* 5, no. 6 (2001): 301–303.

32. Gary Super, *START: A Triage Training Module* (Newport Beach, CA: Hoag Memorial Hospital Presbyterian, 1984). START的全称为"简单检伤分类和快速治疗"。术语"检伤分类"(triage)衍生于法语动词trier(分类),该动词的意思是区分、拣选以及归类。

33. Lou E. Romig, "Pediatric Triage. A System to Jump START Your Triage of Young Patients at MCIs," *Journal of Emergency Medical Services* 27, no. 7 (2002): 52–58.

34. Frank Knight, *Risk, Uncertainty and Profit* (Boston, MA: Houghton Mifflin, 1921).

35. Michael A. Bishop and John D. Trout, *Epistemology and the Psychology of Human Judgment* (New York: Oxford University Press, 2005); Gerd Gigerenzer and Thomas Sturm, "How (Far) Can Rationality Be Naturalized?" *Synthese* 187 (2012): 243–268.

36. Gerd Gigerenzer, "The Bias Bias in Behavioral Economics," *Review of Behavioral Economics*, no. 5 (2018): 303–336.

37. Article 15, EU GDPR, "Right of Access by the Data Subject," http://www.privacy-regulation.eu/en/article-15-right-of-access-by-the-data-subject-GDPR.htm.

38. 德国联邦司法和消费者保护部消费者事务顾问委员会，请参见“Consumer-Friendly Scoring Recommendations for Action,” http://www.svr-verbraucherfragen.de/en/wp-content/uploads/sites/2/Recommandations-for-action.pdf。

第二章

快速节俭分类

FAST-AND-FRUGAL CLASSIFICATION

> 简单是终极的复杂。
>
> ——达·芬奇

第一章中，我们采用了两种快速节俭分类（计数与快速节俭树）讨论了现实情境中的四个分类案例。现在，我们来详细地描述这两种分类。这里用来说明的例子是急诊室医生遇到的一个挑战。

急症室的挑战：判断心脏病是否发作的线索

一名患者因剧烈胸痛被送往密歇根州（Michigan）的一家乡村医院。主治医生需要将患者分配到心脏重症室或普通护理床（配有遥测）。一方面，心脏重症室的床位数量有限，而且患者住在重症室会增加感染的风险。另一方面，如果患者患有急性缺血性心脏病，例如心脏病发作，那么普通护理床可能就无法充分满足患者的需求。

在什么样的情况下，医生应将患者分配到心脏重症室？

一项发表在《新英格兰医学期刊》(*New England Journal of Medicine*)上的研究表明，医生们发现了有助于做出这一决定的7条线索：

(1)报告称胸部或左臂疼痛。

(2)患者称胸部感到有压力、疼痛或不适是最主要的症状。

(3)已知有心脏病发作史。

(4)已知有使用硝酸甘油的历史。

(5)心电图显示ST段(S波终末和T波起始之间的部分)抬高或压低1毫米或更多。

(6)心电图显示ST段异常"变直"或"受到阻滞"(但下压不超过0.5毫米)。

(7)心电图显示T波的峰值或倒置至少为1毫米。[1]

请注意，这7条线索都只能呈现2个可能的值，即"**出现**"或"**未出现**"。该研究的作者根据医生可能获得的各种类型的信息，从59个候选线索中选择了这7条线索，这59条线索包括临床表现、体检结果、心电图、冠心病的影响因素、病史以及社会人口学因素等。该研究使用了在新英格兰6家医院收集的患者数据。

与第一章探讨的四个案例一样，将患者分配到心脏重症室也是一个现实情境中的分类问题。医生遇到患者的时候，他可以获得大量可能提供有用信息的线索。尽管一些研究已将这些大量可用的信息减少至相对少量的诊断线索，但我们也必须记住，这些研究使用的数据是在特定时间、特定地理区域收集的。这些研究的结论不一定适用于我们密歇根州的医生所面对的患者。医生面临的这一问题是一种“**总体外预测**”，我们无法确定在某一总体中制定的分类规则是否适用于他处，这对现实情境中的分类来说是一项基本挑战。它与“**样本外预测**”不同，“样本外预测”的分类规则基于总体的某一部分（样本）而建构，然后在来自同一总体的不同样本上进行测试。

分类与线索

在第一章中，我们对分类问题给出了初步定义。现在，我们来引入相应的技术术语。一个分类问题要求我们根据几条线索将一个实例分配给两个或多个可能的类别之一。我们使用“**实例**”作为一个总括术语，它指代的是那些要分类的人、情况、对象或其他任何的实体。“**线索属值**”指的是与实例相关的线索值的矢量。

在现实情境中的许多分类问题中，线索常常呈现为两种可能值中的一种，这种线索被称为“**二元线索**”，例如症状可能为“出现”或“未出现”，一项陈述可能为“真”或“假”，某个指定物质的水平可能在“正常范围之内”或“正常范围之外”。更概括地说，一个**分类线索**可以有两个或多个离散值，例如颜色可以是绿色、琥珀色、红色，或者一条线索可以具有一个数值，例如介于 0 和 10 之间的一个值。

本例心脏病监护问题有两个类别：**普通护理床**和**心脏重症室**。在现实情境中，正好有两个类别的问题是很普遍的，这些问题被称为“**二元分类问题**”。相应的例子包括第一章里提到的前三个问题：预测美国总统选举的结果、HIV 检测和保释 / 监禁判定。第四个例子是简单检伤分类和快速治疗，这个例子是将受害者分至四个类别中的其中一个。

表 2.1 显示了心脏病监护问题的类别和线索。为了便于参考，该表采用了线索名称来代替前文中较长的描述文字。此外，它还显示了线索和类别的数值，例如常规护理床和心脏重症室分别用数字 0 和 1 表示。在我们讨论快速节俭的分类算法时，用数值来呈现线索和类别会是很有用的做法。

表2.1　心脏病监护问题的类别和线索

类别	
常规护理床（0）　心脏重症室（1）	
线索	**两种可能的线索值**
胸痛	未出现（0），出现（1）
主诉	未出现（0），出现（1）
病史	未出现（0），出现（1）
硝酸甘油	未出现（0），出现（1）
ST-变化	未出现（0），出现（1）
ST-阻滞	未出现（0），出现（1）
T峰值/倒置	未出现（0），出现（1）

在机器学习中，分类规则也被称为“**分类器**”（classifier）。我们在文中交替使用这两个术语。

快速节俭分类：计数与快速节俭树

快速节俭分类最典型的特征是简单。简单是由两种方式实现的：首先，分类使用的线索相对较少；其次，各条线索以简单的方式组合。因此，分类可以快速进行，要理解和解释分类背后的逻辑推理也很简单。在上一章探讨的四个案例研究中，逻辑推理过程都是快速而透明的。

以简单的方式组合线索是什么意思呢？在这本书中，我们考察了两种最简洁的方法，这两种方法都受到了心理学研究专业人士在现实情境中如何做决策的启发。第一种方法称为“**计数**”，在同一时间使用各条线索，赋予它们相等的权重。第二种方法称为“**快速节俭树**”，按顺序使用各条线索，一次使用一个，对线索施加优先级排序。

计　数

计数是计算支持某一类别的原因共有多少。如果计算出来的总数高于规定阈值，则将该实例分配给该类别，例如“白宫钥匙”分类系统计算的就是支持挑战者而非支持现任者的原因，如果该系统识别出至少6个这样的原因，分类器就会预测挑战者将获胜。另一个例子是执业医师针对心脏病监护问题制定的计数规则。[2]

心脏病监护的计数规则：如果表 2.1 中列出的三个或更多线索为“出现”，则将患者分配到心脏重症室。否则，则将病人分至常规护理床。

计数规则由其目标、阈值和原因来规定，它们统称为计数规则的**参数**。心脏病监护计数中这些参数的值如表 2.2 所示。

表2.2　心脏病监护问题计数法

目标	心脏病重症室
阈值	3
原因	胸痛出现
	主诉出现
	病史出现
	硝酸甘油出现
	ST-变化出现
	ST-阻滞出现
	T峰值/倒置出现

目标：目标就是某个类别，我们为它计算原因的个数。在心脏病监护计数问题中，我们计算的就是把患者分配至心脏重

症室的原因共有几个。因此，这个问题的目标是心脏重症室。“白宫钥匙”计算的是预测挑战者获胜共有多少个原因。因此，它的目标就是挑战者获胜。

阈值：阈值是将实例分配给目标类别所需的最小原因总数。心脏病监护问题的阈值为 3，“白宫钥匙”问题的阈值为 6。

原因：原因由某一线索的一个或多个值组成，这些值是目标类别的指示器。在“白宫钥匙”的 13 把钥匙中，每一把钥匙都是一个原因。心脏病监护计数问题则有 7 个原因，“胸痛出现”就是其中之一。这些例子都是为二元线索规定单个值的原因。对于具有两个类别以上的分类线索或数字线索，一个原因可以包括多个值。例如，一个原因可以表示颜色是绿色或琥珀色但不是红色，或是，呼吸率高于每分钟 30 次呼吸。理想情况下，每个原因只使用一条线索，且每条线索最多用于一个原因。这些准则使得分类器是快速而节俭的。然而，如果将多条线索组合在一个原因里，快速节俭分类器也许可以更透明，我们将这种可能性留给设计人员判断。这就是我们说快速节俭分类既有科学性又有艺术性的原因之一。

让我们来看看表 2.3 中显示的两名患者的线索属值。爱丽丝有胸痛并主诉胸痛为主要症状。亚当的这两条线索值也是“出现”，另外在心电图中显示 ST 段抬高。心脏病监护计数法将爱丽丝分至普通护理床，因为满足分配条件的原因总数没有达到阈值 3。亚当的案例达到了阈值，他被分配到心脏重症室。

表2.3　医院收治的两位患者的线索属值

线索	爱丽丝	亚当
胸痛	出现	出现
主诉	出现	出现
病史	未出现	未出现
硝酸甘油	未出现	未出现
ST-变化	未出现	出现
ST-阻滞	未出现	未出现
T峰值/倒置	未出现	未出现

心脏病监护计数法将爱丽丝分至普通护理床，将亚当分至心脏重症室。

总之，计数法考察的是，是否有足够的原因将实例分配给目标类别。这种方法是计算总数。对于某些类型的问题，计总数是合适的。其他类型的问题则需要另一种方法——排序。接下来，我们将描述采用了这个替代方法的一个快速节俭分类器。

快速节俭树

快速节俭树考察原因的方法，是以规定的顺序一次考察一个。任一原因自身都能直接导向分类。图 2.1 显示的是由创建心脏病监护计数法的同一医生所创的快速节俭树。[3]

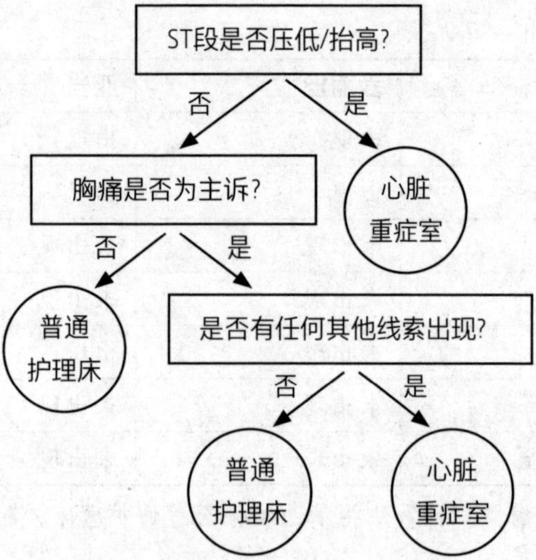

图2.1

心脏病监护快速节俭树。在第三层，“任何其他线索”指的是病史、硝酸甘油使用历史、ST段异常阻滞以及T波峰值/倒置。

心脏病监护快速节俭树

（1）如果 ST 段压低或抬高，则将患者分配到心脏重症室。否则，继续。

（2）检查患者是否将胸闷、胸部疼痛或不适作为主诉症状。如果答案是否定的，则将患者分至普通护理床。否则，继续。

（3）检查以下任何其他线索——病史、硝酸甘油使用历史、

ST 段异常“阻滞”以及 T 波峰值 / 倒置——是否出现。如果答案是肯定的，则将患者分至心脏重症室。否则，则将患者分至普通护理床。

让我们再来思考一下表 2.3 中显示线索属值的两个患者。对于爱丽丝，该分类器遵循着全部的三个步骤，最终将她分至普通护理床。对亚当进行分类的过程结束得更早。他在树的第一层就被分至心脏病重症室，无须检查任何其他线索。可以说，亚当的分类比爱丽丝的更节俭。具体来说，**节俭度**被定义为分类要检查的线索总数。我们可以为单个实例计算节俭度，也可以为一系列实例计算节俭度。

在图 2.1 的快速节俭树可视化呈现中，矩形中是问题。每一个问题都可以检查一个原因是否以某种方式适用于分类。圆圈中是类别，我们可以将实例分配至其中。从每个矩形延伸出来的那些线条是**分支**。它们将实例导向分类或另一个问题。导向分类的分支就是出口。第一个问题是快速节俭树的**根**。对任何指定的实例进行分类，都是从根开始，根据实例的线索属值来回答这些问题，沿着某个路径通向其中一个出口。我们聚焦在那些每个问题正好有两个分支的树。下面这个定义适用于具有二元线索的二元分类。

快速节俭树：快速节俭树的每个问题有一个出口，最后一个问题是例外，它有两个出口。因此，有 k 个问题（线索）的快速节俭树有 k + 1 个出口。

现在让我们来看一下图 2.2 所示的**完整树**。完整树也是从同样的根开始。不过，这里的两个答案都不会导向出口，而是会导向第二个问题。然后，第二个问题的每个分支都导向第三个问题。只有第三个问题的问答完成后，完整树才会进行分类。

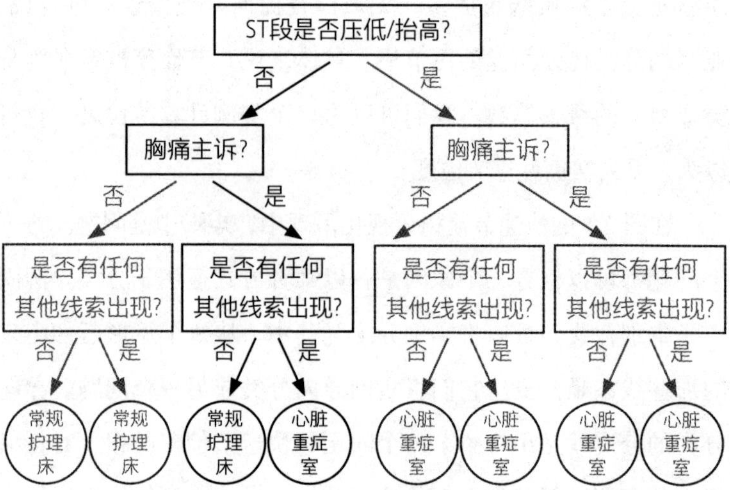

图2.2

与心脏病监护问题的快速节俭树所做出的分类完全相同的一个完整决策树。快速节俭树嵌在完整树中，以较深的颜色显示。

快速节俭的结构使得分类树体量小而透明。正如第一章讲到的，一个完整树有 2^k 个出口，而快速节俭树只有 k + 1 个出口。随着 k 的增加，这种差异会迅速扩大。例如，线索一共有 10 个，那么一个完整树就有 1024 个出口，而一个快速节俭树只有 11 个出口。

您可能已经注意到，图 2.2 的完整树所做的分类，与用于心脏病监护问题的快速节俭树所做的分类完全相同。情况并非总是如此，因为完整树比快速节俭树更灵活。完整树可以规定快速节俭树不能呈现出来的分类规则，相反，快速节俭树总是可以表现为一个完整树的。

您可能还注意到了完整树最底部有一些出口标签，按照从左到右的顺序阅读，就是从普通护理床到心脏重症室。这并非巧合。它是每个具有二元线索的快速节俭树的一个属性，我们将在第三章中详细讨论这一点。

构建快速节俭树的模块与构建计数法的模块相同，即以某种方式对实例进行分类的某个原因，例如将患者分类为 HIV 阴性的原因。但是，使用这个构建模块的基本方法在快速节俭树和计数法之间有所不同。计数法中所有原因都同等重要，而快速节俭树对它们施加了优先级排序。

我们如何为一个给定的分类问题定义一个快速节俭树呢？这个分类规则的参数都是什么？一个快速节俭树由其原因、出口和顺序而规定。

原因：原因是一条线索，以及这条线索所具有的立即导向分类的一个或多个具体的值。例如，心脏病监护问题的快速节俭树，使用了“主诉未出现”作为立即将患者分至普通护理床的原因，而无须检查任何进一步的信息。在简单检伤分类和快速治疗这个案例中，“呼吸频率每分钟呼吸 30 次或 30 次以上”是将受害者分类为“需要立即得到关注（治疗）”的原因。在树的视觉化呈现中，一个原因是一个矩形，这个矩形的一个分支直接导向一个出口。

出口：每个原因都会导向一个或多个出口。每个出口都是一个类别。对于二元线索，除了底层有两个出口，树的每一层都只有一个出口。树的底层仅导向出口。

顺序：这是指由树的根开始一一检查原因的顺序。

总之，快速节俭树描述了一个连续的过程，在这个过程中，一一检查原因，直到找到一个可以分类的原因。快速节俭树有意地省去了一些可获得的信息。

如何衡量分类器的表现

针对心脏病监护问题，我们描述了两种可能的分类器：计数和快速节俭树。哪个分类器更适用于这个问题？相较于医生对病房的分配，它们都有所改进吗？我们可以让怀疑患有急性缺血性心脏病的患者去急诊室做检查，以此来回答这些问题。

然而，问题是，我们应该如何衡量分类器的表现呢？

分类错误率是被错误分类的实例所占的比例。在心脏病监护问题中，这个比例是指，被错误分配到心脏重症室的患者（当他们没有急性缺血性心脏病时）所占的比例，或是被错误地分配到普通护理床的患者（当他们有急性缺血性心脏病时）所占的比例。分类错误率的优势在于，它可以用一个数字来总结分类器表现，但这也可能是一个有误导性的衡量标准，因为它不区分两种不同类型的错误。

任何二元分类问题都有两种可能产生的错误类型和两种可能产生的正确分类类型。为了笼统地讨论这些类型（而不是专门针对心脏病监护问题），我们使用的是通用类别名称：正类和反类。在心脏病监护问题中，正类表示心脏重症室，负类表示普通护理床。图 2.3 所示的分类有四种可能产生的结果，如下所示。

预测的类别	实际的类别：正	实际的类别：负
正	命中	误报
负	漏报	正确拒绝

图2.3

一个二元分类问题的4种可能的结果。

如果一个正类实例被正确分类至正类，则**命中**。一名患有急性缺血性心脏病的患者被分配至心脏重症室。命中也称为“**真阳性**”。

如果一个正类实例被错误地分类至负类，则**漏报**。在心脏病监护问题中，一名患有急性缺血性心脏病的患者却被分配至普通护理床。漏报也称为“**伪阴性**”。

如果一个负类实例被错误地分类至正类，则**误报**。一名没有患有急性缺血性心脏病的患者却被分配到心脏重症室。误报也称为“**伪阳性**”。

如果一个负类实例被正确分类为负类，则**正确拒绝**。一名没有患有急性缺血性心脏病的患者被分配至普通护理床。正确拒绝也称为“**真阴性**”。

一般而言，这两种类型的错误各自的重要性不同。例如，防止漏报可能要比防止误报重要得多。在实验室实验中，漏报和误报的相对重要性由实验者来设定。而在现实情境中，通常不可能精确地甚至是近似地量化它们的重要性。理想情况下，这两种类型的错误都要被测量和报告。通常，要具体说明命中率和误报率。

命中率是以命中数除以命中和漏报的总和。这个数字回答了以下问题：如果该实例真正的类别是正类，那么该实例被正确分类为正类的概率是多少？例如，在患有该疾病的100名患者中，有多少人会被归类为患有该疾病？理想的分类器给出的命中率为100%，即1。在医学中，医学测试的命中率被称为**灵敏度**。

误报率是以误报数除以误报和正确拒绝的总数。这个数字回答了以下问题：如果该实例真正的类别为负类，则该实例被错误分类为正类的概率是多少？例如，在100个没有患病的患者中，有多少人会被归类为患病？理想分类器给出的误报率为0。误报率的补集为正确拒绝率，这两个比率加起来为1。在医学中，医学测试的正确拒绝率被称为**特异度**。

为评估分类器或医学测试，我们需要命中率和误报率。只发布命中率会产生误导。不幸的是，即使是有关于医疗保健等重要的问题，这样的报道也会再三见诸报端。2019年，海德堡大学的一份新闻稿报道称，一种可用于检测乳腺癌的新型血液检测被研发了出来。该新闻稿称这项新型测试是“乳腺癌诊断的里程碑”，而德国最受欢迎的小报《图片报》（*Bild Zeitung*）的头版标题将其誉为一件“轰动世界”的大事。新闻稿和小报都报道了该测试的命中率为75%，而它们两家都没有提到误报率。

如果诊断每一位患有乳腺癌的女性，人们就可以轻松避免任何漏报并实现100%的命中率。在科学家们广泛地宣称没有相应误报率的命中率毫无意义之后，该大学的研究人员最终透露了该测试的误报率。[4] 在所有测试组中，平均误报率为46%，这意味着大约每隔一个人就会出现没有患乳腺癌的女性被该测试诊断为患有乳腺癌的情况。相比之下，乳房X光检查筛查的命中率约为80%，误报率约为5%至10%，具体数字主要取决于年龄。

推行误报率如此高的筛查测试将会是一场公共卫生的灾难。

而且，做了这样的血液测试后，不幸接到误报信息的人在检测结果被乳房 X 光检查以及其他手段证实前，将不得不在不确定的情况下生活长达五年。该测试最终被撤回。

发新闻稿的动机之一是尽快将血液测试推向市场。这一明显耸人听闻的发现对所涉制药公司的股价产生了积极的影响，这引起了一场刑事调查。调查的理由不是该测试对女性潜在的伤害，而是这里面有操纵股票市场价格的嫌疑。

为了更好地理解命中率和误报率之间的相互作用，让我们看一下图 2.4 中左侧部分的内容。纵轴表示命中率，横轴表示误报率。首先，想象一个自动将所有实例分类为正的分类器。该分类器有着理想的命中率 100%，但它也有着最糟糕的误报率 100%。同样地，自动将所有实例分类为负的分类器，有着理想的误报率 0 和最糟糕的命中率 0。这两个分类器在图中描述为全正类分类器和全负类分类器。

接下来，想象一个抛硬币的分类器，如果硬币正面朝上，则将实例分配给正类，如果硬币反面朝上，则将实例分配给负类。该分类器具有相同的误报率和命中率 50%。也可以想象其他随机的分类器，例如，如果硬币连续两次出现正面，则将实例分类为正类，否则将实例分类为负类，从而导致相同的误报率和命中率 25%。这种随机的分类器占据着对角线（误报率和命中率相等），从 0 延伸到 100%。对角线下方是表现得比机会水平差的分类器。对角线上方则是表现优于机会水平的分类器。理想的分类器在左上角，命中率为 100%，误报率为 0%。

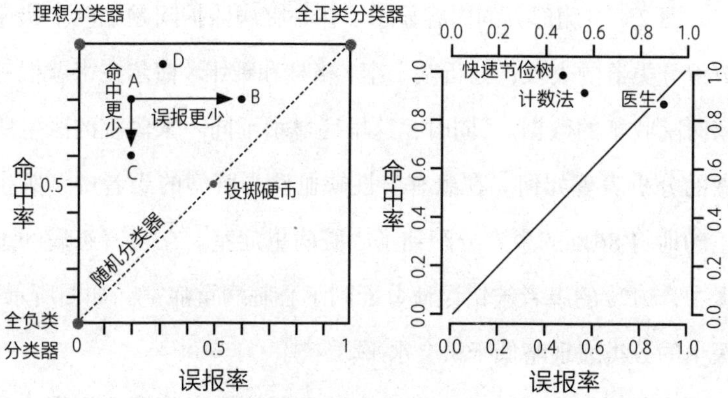

图2.4

左：通过比较误报率和命中率可以评估各种分类器的表现。右：心脏病监护问题计数、快速节俭树的表现以及医生根据由李·格林（Lee Green）和戴维·梅尔（David Mehr）收集的数据所做的分析这三者的表现。

该图还展示了四个假设出来的分类器A、B、C、D。它们都在对角线上方，表明了它们的分类表现都优于随机分类。那么，哪一个分类器是最好的呢？

分类器A优于分类器C，因为它的命中率更高，两者误报率相同。同样地，A优于B，因为在相同命中率的情况下，A具有较低的误报率。但是，我们不能断定A是否优于D，因为虽然A的误报率较低，但D的命中率较高。对于我们面临的问题，A还是D哪一个是更好的分类器要取决于两个错误（漏报和误报）的相对重要性。

图 2.4 右侧部分的内容显示了在心脏病监护问题上两个快速节俭分类器的表现，分析基于李·格林和戴维·梅尔在密歇根一家医院收集的数据。[5] 同时，这里还显示了同一家医院的医生所做的分析表现如何。在患有急性缺血性心脏病的患者中，医生正确地将 86% 的患者分配到了心脏病重症室。在没有患病的患者中，91% 的患者被错误地分配到了心脏病重症室。如图所示，医生的分类表现略低于机会水平。

为什么医生会将绝大多数入院患者送至心脏病重症室，尽管其中只有大约六分之一（89 人中的 15 人）的患者实际上患有急性缺血性心脏病呢？这个模式可以由防御性决策来解释，类似于第一章探讨的治安法官所作的监禁 / 保释判定。医生可能会因漏报而被起诉，但不会因误报而被起诉。因此，有疑虑的医生通过将几乎所有人送到心脏病重症室来保护自己。结果，心脏病重症室人满为患，护理质量差且成本高昂。这些情况促使人们寻找更好的分类器。

与医生的分类表现相反，计数和快速节俭树的表现都在对角线之上，表明了它们的表现优于机会水平。计数法的命中率为 93%，误报率为 57%，与医生的表现相比，其他二者的命中率和误报率都表现更好。快速节俭树比医生和计数法的表现都更胜一筹，命中率为 100%，误报率为 47%。

这些结果表明，快速节俭分类器可以改进医生们做的分配。但是，在得出任何结论之前，我们必须小心谨慎，因为开发出快速节俭分类器的医生可能已经根据为评估分类器而使用的相同数据做出了一些设计决策。我们将在下一部分描述这个潜在陷阱。

在此之前，我们首先解释两个经常与命中率和误报率混淆的概念。假设一家医院使用快速节俭树进行心脏病监护，命中率为 100%，误报率为 47%。一名患者被紧急送往这家医院并被分配到心脏病重症室。患者实际患有急性缺血性心脏病的概率是多少？是 100% 还是 47% 呢？都不是。这个概率叫作“**阳性预测值**”。它需要对实例进行不同的划分，不同于计算命中率和误报率而进行的划分。

命中率和误报率将总体分为正类实例和负类实例两种情况，例如患病者和未患病者。总体也可以根据它们如何被分类来划分为被分为正类的人和被分为负类的人，例如被分至心脏病重症室的患者和被分至普通护理床的患者。通过采用这种划分方法，我们获得了两种可选的表现指标，阳性预测值和阴性预测值。 医学中经常使用这两种指标。

阳性预测值是命中数除以命中和误报总数。它回答了以下问题：如果实例被归类为正类，那么该实例实际上是正类的概率是多少？例如，在被分配到心脏病重症室的 100 名患者中，实际上有多少人患有急性缺血性心脏病？理想分类器给出的阳性预测值为 100%。

阴性预测值是正确拒绝的数量除以正确拒绝和漏报的总数。它回答了以下问题：如果该实例被归类为负类，那么该实例实际上是负类的概率是多少？例如，在被分配至普通护理床的 100 名患者中，有多少人实际上没有患有急性缺血性心脏病？理想分类器给出的阴性预测值为 100%。

阳性预测值（PPV）和阴性预测值（NPV）可以根据命中、漏报、误报和正确拒绝的数量计算得出。如果已知第三个量，即基本率，它们也可以由命中率和误报率计算得出。基本率是总体中正类实例的比例，也称为“患病率”。在心脏病监护问题中，基本率是缺血性心脏病患者在来到医院急诊室的患者中所占的比例。为了完整性，我们在此介绍如何使用贝叶斯法则由灵敏度、特异度和患病率来计算 PPV 和 NPV。

$$\text{PPV} = \frac{\text{患病率} \times \text{灵敏度}}{\text{患病率} \times \text{灵敏度} + (1-\text{患病率})(1-\text{特异度})}$$

$$\text{NPV} = \frac{(1-\text{患病率}) \times \text{特异度}}{(1-\text{患病率}) \times \text{特异度} + \text{患病率} \times (1-\text{灵敏度})}$$

在贝叶斯统计中，阳性预测值和阴性预测值被称为“后验概率”，而基本率对应于正类的先验概率。

准确理解分类器的关键概念

命中率、误报率、阳性预测值和阴性预测值，这些概念在医学、法律以及其他一些地方经常被大家混淆。例如，一位女性若患有乳腺癌，她得到阳性乳房 X 光检查结果的概率与若该女性得到阳性乳房 X 光检查结果，她患有乳腺癌的概率，人们很容易弄混这两个概率。第一个是命中率，第二个是阳性预测值。在乳腺癌的乳房 X 光筛查中，命中率为 80% 左右，阳性预测值为 10% 左右。在现实情境中，精确的值很难计算。

为了说明这种混淆的情况，请试着回答快速风险测试中的以下四个问题。[6]

1. 下列哪一项是对敏感度的正确定义？

    a. 检测结果呈阳性的人在患者中的比例

    b. 检测结果呈阴性的人在患者中的比例

    c. 检测结果呈阳性的人在健康人群中的比例

    d. 体检结果呈阴性的人在健康人群中的比例

2. 下列哪一项是对特异度的正确定义？

    a. 检测结果呈阳性的人在患者中的比例

    b. 检测结果呈阴性的人在患者中的比例

    c. 检测结果呈阳性的人在健康人群中的比例

    d. 体检结果呈阴性的人在健康人群中的比例

3. 哪一个测试特征可以量化检测结果阳性的人实际患病的概率？

    a. 阳性预测值

    b. 阴性预测值

c. 特异度

d. 敏感度

4. 哪一种测试特征可以量化检测结果阴性的人不患有该疾病的概率？

a. 阳性预测值

b. 阴性预测值

c. 特异度

d. 敏感度

理解这些概念在医学中是基本的。[7] 否则，我们将无法正确评估检测结果。尽管如此，柏林夏瑞蒂医科大学（Charité University of Medicine，欧洲领先的医疗医院之一）的一项研究表明，相当一部分大学最后一年级的学生无法正确回答这四个问题。另一所医学院的教授、高级医师和医学讲师也有类似的研究结果，如图 2.5 所示。该研究的参与者是 169 名在念大学最后一年级的医学生、16 名医学教授以及其他一些高级教育工作者。因为问题有四个选项，所以误打误撞也有 25% 的准确率。只有大约 80% 的学生和教授可以辨别出敏感度的正确定义。只有大约 60% 到 65% 的学生和教授能够辨别出特异度。不到 60% 的学生知道阳性预测值是什么，只有大约 55% 的人知道什么是阴性预测值。不理解这些概念的医学生和教师无法评估医学测试的结果，例如 HIV 检测、COVID-19 和癌症筛查测试。

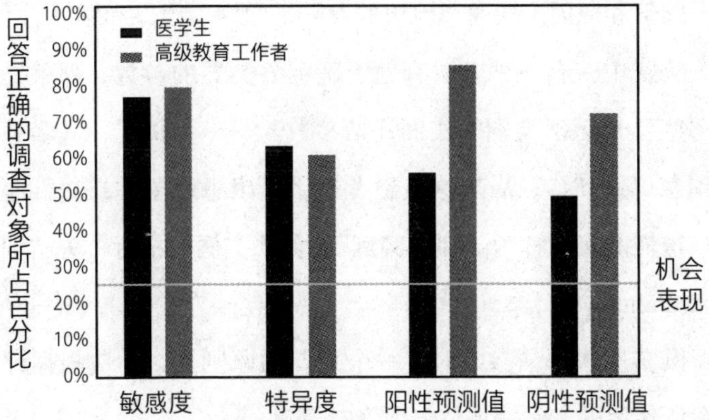

图 2.5

医学生和高级教育工作者对一些关键概念缺乏认识。该图显示了大学最后一年级的医学院学生和高级教育者(教授、高级医师和大学讲师)对文中列出的4个问题进行作答每个问题正确答案的百分比。PPV是阳性预测值；NPV是阴性预测值。水平线表示机会表现(25%)。这些问题来自Jenny, Keller, and Gigerenzer, "Assessing Minimal Medical Statistical Literacy Using the Quick Risk Test: A Prospective Observational Study in Germany," British Medical Journal Open 8, no. 8 (2018): e020847。

拟合、样本外预测与总体外预测

构建一个分类器意味着确定相应的参数。线性分类器（比如逻辑回归）的参数是线索权重和附加常数。计数的参数是目标、阈值和原因。快速节俭树的参数是原因、出口和顺序。

实践中，有一种方法有助于确定分类器的参数，那就是根据那些已知正确类别的实例评估参数。举一个例子：一名患者来到急诊室就诊，后来这名患者被诊断出患有急性缺血性心脏病。这样的实例称为**“训练实例”**。训练实例的集合称为**“训练集”**（training set）。

以实例来评估参数时，一个重要的原则是，不应根据评估参数所使用的实例去评估分类器的表现。

一种普遍的做法是拟合，但是这种做法未必准确。拟合是指使用相同数据来评估分类器参数和分类器表现。得克萨斯（Texas）神枪手的故事说明了，那些由数据拟合获得的令人印象深刻的结果会误导大家。图 2.6 中左侧部分的内容显示了我们的神枪手在 100 米外用左轮手枪在谷仓一侧射击后的表现。射击表现看上去相当不错。然而，这里没有说明的是，神枪手在射击后自己画了靶心，靶心尽可能地贴合弹孔。右侧部分的内容展示了画上靶心之前的弹孔。

得克萨斯神枪手先射击，然后画靶心以适配弹孔。用一个自由参数，我们就可以将靶心从左到右移动；用两个参数，我们就可以在谷仓外壁的整个表面上调整它。先射击然后画上目标，这相当于数据拟合。“用 4 个参数，我可以拟合一头大象，”约翰·冯·诺依曼（John von Neumann）说，“用 5 个参数，我可以让它的鼻子动起来。”[8]

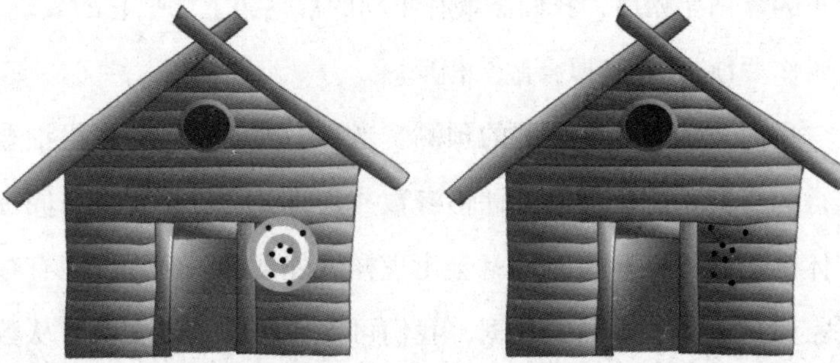

图2.6

得克萨斯神枪手。神枪手射击准确度(左)令人印象深刻,这种准确度是通过先射击谷仓(右),然后在弹孔周围画上靶心和靶环而获得的。

分类规则的自由参数使调整规则变得可能，这样分类规则可以尽可能地拟合数据。分类规则越灵活，它就越有可能调整以适应某个给定训练集的特质，这叫作“过度拟合”。对训练数据过度拟合的分类规则，在应用于新的实例时，不会表现得很好。

在得克萨斯神枪手的故事中，问题在于相同的数据（谷仓壁上的弹孔）既用于构建一个“模型”（射手瞄准的地方），也用于测试这一“模型”（射击的精准度）。不难看出，以这种方式来衡量出的射击准确度，并不能真正反映神枪手的准确度。数据拟合也是如此。当我们使用相同的数据集，既确定分类规则的参数，又评估分类规则的表现时，我们无法对其表现做到真正的评估。相反，我们需要在不同的数据集上评估它的表现，这叫作“预测”，与拟合截然相反。

我们来区分两种类型的预测。当我们根据总体中随机抽取获得的子集（随机样本）评估参数并且将分类器用于来自同一总体的不同随机样本时，就会出现样本外预测。例如，现有在一家医院收集了4周的数据，我们可以使用一半的实例（从数据集中随机选择）来评估分类规则的参数，使用另一半来评估分类规则的表现。

当用于分类器的总体不同于开发分类器的总体时，就会发生总体外预测。例如，“白宫钥匙”就是使用美国过去的总统选举来开发的，它的目的是预测未来选举的结果。这是总体外预测，因为美国选民的总体在每次选举中都会发生变化。同样地，在医疗保健领域，分类规则是针对一个患者总体（例如，波士顿的患者）开发的，并应用于不同的患者总体（例如，密歇根州的患者）。在现实情境中，总体外预测是最为适宜的，因为未来可能以一种不可预测的方式与过去不同。

认为命中率、误报率等概率是稳定的这种假设，要依赖于一个稳定的世界。在现实情境中，稳定是不可能的。这使得我们在现实情境中开发分类器具有挑战性。

尽管如此，在现实情境中的分类又是必不可少的。分类的每一个实际应用几乎都发生在现实情境中。样本外的表现标准（例如命中率）可以作为指导，但不能保证我们将来会取得相同的表现。这还提醒我们，不要通过尝试微调过去的样本来过度拟合。

注　释

1. Michael W. Pozen et al., "A Predictive Instrument to Improve Coronary-Care- Unit Admission Practices in Acute Ischemic Heart Disease: A Prospective Multicenter Clinical Trial," *New England Journal of Medicine* 310, no. 20 (1984): 1273–1278.
2. Lee Green and David R. Mehr, "What Alters Physicians' Decisions to Admit to the Coronary Care Unit?" *Journal of Family Practice* 45, no. 3 (1997): 219–226.
3. Green and Mehr, "What Alters Physicians' Decisions. "
4. 请参见RWI上有关这一主题的文章，"Unstatistik des Monats," February 28 and June 7, 2019, http://www.rwi-essen.de/unstatistik。
5. 此处数据通过个人沟通从相关作者处获得。
6. Mirjam A. Jenny, Niklas Keller, and Gerd Gigerenzer, "Assessing Minimal Medical Statistical Literacy Using the Quick Risk Test: A Prospective Observational Study in Germany," *British Medical Journal Open* 8, no. 8 (2018): e020847.
7. 这4个问题的正确答案是1（a）、2（b）、3（a）和4（b）。
8. 引自弗里曼·戴森（Freeman Dyson）的"A Meeting with Enrico Fermi," *Nature* 427 (January 2004): 297。

第三章

构建快速节俭分类器

BUILDING FAST-AND-FRUGAL CLASSIFIERS

事情应该力求简单，但不能过于简单。

——由爱因斯坦的某句话衍生而来

构建快速节俭分类器，首先要准确找到可用于识别实例所属类别的各种信息（线索）。在 HIV 筛查案例中，可用于识别类别的线索包括血液检测（比如酶免疫测试和蛋白质免疫印迹测试）的结果；在灾难现场分配紧急治疗时，线索包括受害者是否可以呼吸或行走。线索的识别需要洞察力，专业领域知识是这种洞察力的重要来源。例如，"白宫钥匙"就是一位历史教授分析了美国早期的总统选举而开发的。同样，START（简单检伤分类和快速治疗）系统体现了灾难现场紧急救援人员具备的广泛实践经验。

这些信息又应该如何被组合呢？快速节俭分类提供了有力的指导原则：线索要么被排序，要么被计数。不过，设计上仍然存在许多选择。例如，在 HIV 筛查中，我们应该在蛋白质免疫印迹测试之前还是之后进行酶免疫测试？在"白宫钥匙"中，执政党候选人是现任总统的这一事实，应该以支持还是反对挑战者来计数？多少把钥匙可以预测挑战者获胜，5把、6把、7把或更多？

为了回答这些问题，专业领域知识再次证明是有用的。专业知识是构建分类器的艺术。统计信息则是所需洞察力的第二个来源。例如，我们可以从现有HIV诊断测试的命中率和误报率获得人群大样本的数据。尽管这存在一定的局限性（如第一章所述），但是研究人员——有时甚至是专业领域知识很少的人员——可以有效地使用这些统计信息来构建快速节俭分类器。如何使用统计信息是构建快速节俭分类器的科学。“科学”是本章的主题。我们将在第六章讨论构建快速节俭分类器的从业者方法中使用专业领域知识的“艺术”，也会探讨如何将“艺术”与“科学”相结合。

为了简化阐述，我们忽略了许多具有不确定性的来源——不确定性是现实情境的特征——例如有限的可靠度和数据的有效性。我们专注于回答下面的问题：如果数据可用且准确，它们如何指导快速节俭分类器的开发？我们将继续使用第二章描述的心脏病监护问题来阐明各种不同的方法。

单独考虑每一条线索

我们从一个非常简单的分类器开始，这个分类器仅使用一条信息。现在，我们来思考心脏病监护问题中的一条线索——胸痛，假设它是唯一可用的线索，那么使用它进行分类的最佳方法是什么？

如图 3.1 所示，有两个选项：分类器 A 在胸痛出现时将患者分配到心脏重症室，否则将患者分配到常规护理床。分类器 B 则与之相反。哪个分类器更好呢？胸痛是将患者分配到心脏重症室或常规护理床的原因吗？

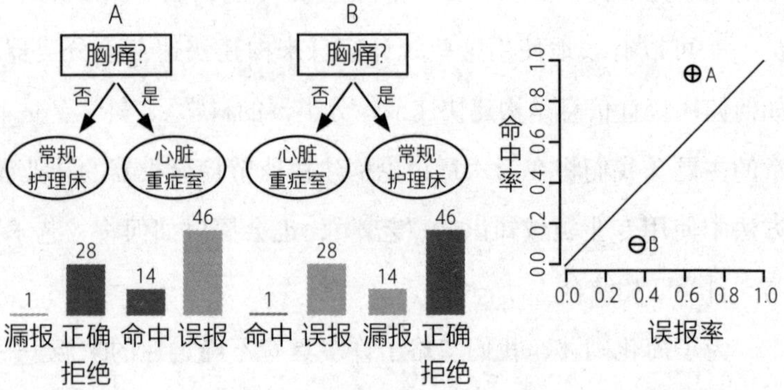

图3.1

在心脏病监护问题上，当我们仅用胸痛来区分不同类别时，可能会有两种分类器。分类器A：若胸痛出现则患者被分配到心脏重症室；分类器B：若胸痛未出现则患者被分配到心脏重症室。分类器A是直觉的选择。事实上，在我们的数据集中，分类器A比随机分类的性能要好，分类器B比随机分类的性能要差。

直觉上，将患者分配到心脏重症室的原因是胸痛“出现”，而不是胸痛“未出现”。在这一案例中，直觉可以由数据来检验。图3.1显示了数据集中每个分类器的4种结果：命中、误报、漏报和正确拒绝。它们分别显示在分类树的每个出口。请注意，将患者分配到普通护理床只会导致两种可能的结果：漏报和正确拒绝。同样地，将患者分配到心脏重症室只会导致命中和误报。该图还通过绘制命中率与误报率来体现两个分类器的表现。前文还提到，图中的对角线表示随机分类。

数据支持了我们的直觉，即在我们的数据集中，分类器A的性能要优于随机分类，而分类器B的性能比不上随机分类。但是，分类器A也不是特别优秀。虽然它的命中率高，但是它的误报率也极高。许多有胸痛症状的患者实际上并未患有急性缺血性心脏病。

我们说分类器A正向使用线索，因为较高的线索值（出现，1）与具有较高数值的类别（心脏重症室，1）相关，如表2.1所示。同样地，我们说分类器B负向使用线索。透明度能得以提高，通常是通过对线索和类别进行编码，以使较高的线索值与具有较高数值的类别相关。我们就是这样做的。胸痛作为心脏病发作的已知症状，线索值“出现”被赋予了与“心脏重症室”这一类别同样高的值，而线索值“未出现”被赋予了与“普通护理床”这一类别同样低的值。

直觉具有指导意义，但它并不总是准确的。现在我们来看看另一个医生诊断急性缺血性心脏病的线索——ST段阻滞。这一线索表示心电图是否显示出异常变直或阻滞的ST段。直觉的选择是，如果存在 ST 阻滞，则将患者分配到心脏重症室，否则分配至普通护理床。但是，这个分类器的表现不如机会分类，图 3.2 显示了全部的 7 条线索正向和负向的命中率和误报率。ST 阻滞在正向使用时，误报率为 0.22，命中率为 0.07。这一结果与直觉相反，这可能是因为我们的数据集太小，无法对该线索的影响做可靠估计，从而造成了假象。又或者是说，ST 阻滞虽然是一种异常现象，但是它可能无法预测出我们患者总体中的急性缺血性心脏病。

哪一条线索单独使用是最好的

医生在心脏病监护问题中识别出 7 条线索（表 2.1）。如果我们被限制只能使用其中 1 条线索，我们应该如何选择？

图 3.2 中，命中率和误报率的可视化呈现给我们提供了有用的信息。数据表明，ST 段变化和胸痛主宰着其他所有线索，这意味着，与这两条线索相比，其他所有线索都表现出更低的命中率和更高的误报率。然而，在这两条线索中，哪一条线索更好呢？答案取决于两种可能发生的错误之间的相对重要性。与 ST 段变化相比，胸痛导致误报率大幅增加，而它导致命中率增加的幅度相对较小。

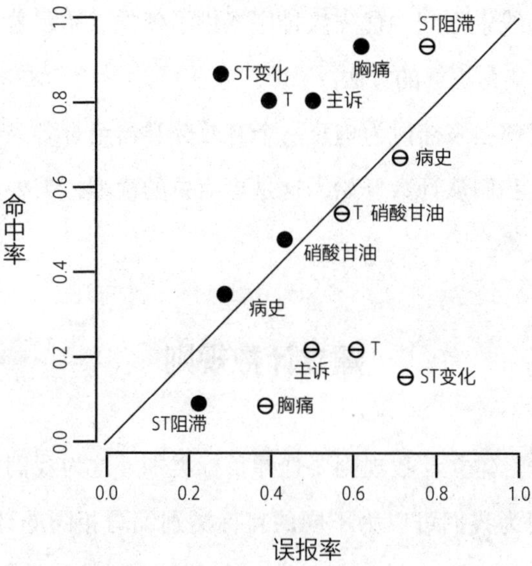

图3.2

心脏病监护问题中全部的7条线索的命中率和误报率（每条线索均单独使用）。图中显示了各条线索在正向（实心圆圈）和负向（空心圆圈上有一负号）的表现。

选用计数法还是快速节俭树

计数法和快速节俭树哪一个会导向更好的分类呢？关于这一点，图 3.2 给了我们一个提示。若根据命中率和误报率来衡量，某些线索单独使用就比其他线索显示出更好的表现。例如，硝酸甘油和心脏病史这两条线索的表现与机会水平非常接近，而 ST 段变化和胸痛这两条线索的表现比机会水平要好得多。这些数据为线索之间的优先级排序提供了依据，暗示着选择快速节俭树可能是更好的方法。

我们现在来探讨为构建一个有效分类器组合各条线索的不同方法。我们从计数开始，这是更简单的模型，需要的参数也更少。

建立计数规则

首先，建立计数规则要选择目标类别。这为我们提供了灵活度，因为我们可以为不同的目标类别编写相同的计数规则。例如“白宫钥匙”，它的编写可以保持预测的选举获胜者不变，不过，在计算钥匙数量时，以现任者获胜而非挑战者获胜来计数。虽然如此，但是指定的目标类别会影响到人们理解和交流该决策规则的难易程度。通常，目标类别是观察频率较低的类别，例如 HIV 阳性诊断。分类规则解释的是异常的分类，而不是典型的分类。

其次，要确立原因。一旦我们找出了线索，剩下的就是决定线索的方向。一种简单但非常有效的方法是，决定每条线索的方向时，要独立于其他线索的方向。在某些案例中，专业领域知识就足够判断了。例如，阳性的 ELISA 测试结果支持 HIV 诊断结果。在其他案例中，检查命中率和误报率可以得到有用的信息（见图 3.2）。

最后，我们要选择一个阈值。阈值决定了分类器将实例分配给目标类别的难易程度。图 3.3 显示了阈值对心脏病监护计数的影响。两个条形图给出了两个患者组（上图是患有急性缺血性心脏病的患者；下图是没有患急性缺血性心脏病的患者）中被满足原因的具体数量。例如，在患有该疾病的患者中，没有患者满足 0 个、1 个或 2 个原因，而对于其中 3 个患者，满足 6 个原因。

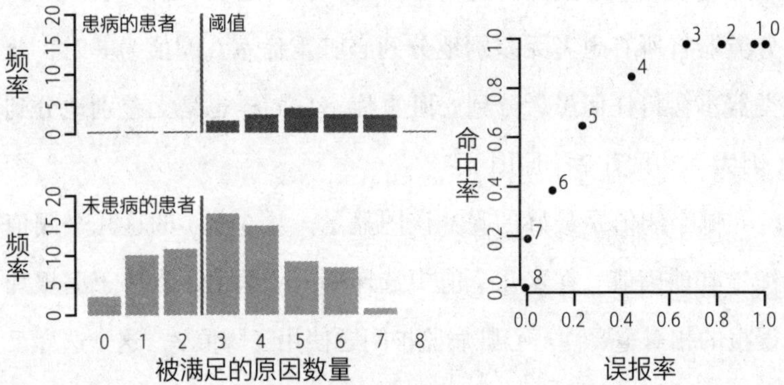

图3.3

阈值对心脏病监护问题计数法表现的影响。详情见正文文本。

阈值将每个图分成了两个区域。分配到普通护理床的患者在阈值的左侧，分配到心脏重症室的患者在阈值的右侧。相应地，这个图表一一给出了分类的四种可能结果：漏报（左上）、命中（右上）、正确拒绝（左下）和误报（右下）。随着阈值增大，分类器分到心脏重症室的人越来越少。随着阈值减小，分类器将越来越多的人送到心脏重症室。

要注意的是，增加阈值会同时产生两个影响：误报数减少和命中数减少。同样地，降低阈值会增加命中数，但是也会增加误报。我们可以在图 3.3 右侧区域更清楚地看到阈值的影响，该图显示了各种阈值的命中率和误报率。这个图绘叫作“**受试者工作特征曲线**”（receiver operating characteristic，ROC）。考虑到完整性，这里我们纳入了阈值 0 和阈值 8。当阈值为 0 时，分类器将所有患者无差别地分到心脏重症室。阈值为 8 时，分类器不会将任何患者分到心脏重症室，同样也是无差别地分到（因为一共只有 7 个原因）。

哪个阈值是最好的呢？该图显示，从 3 至 7 的这几个阈值优于其他阈值。在这几个值中选择哪一个阈值，取决于漏报和误报的相对重要性。心脏病监护问题使用了阈值 3，这个选择反映出相对于误报而言对避免漏报的强烈偏好。

现在我们准备展示一个完整算法来构建一个计数分类器。我们使用的是一种我们称为“基本计数法”（Basic Tallying）的算法来解决简单的具有二元线索的二元分类。

基本计数法：这种算法学习一种计数分类器的参数，用于具有二元线索的二元分类。它的构建模块如下：

（1）将目标设置为观察频率较低的类别。

（2）将线索方向设置为性能优于训练集中机会分类的方向，为每个可用线索创建一个原因。可以通过比较线索在正向和负向使用时的命中率和误报率（见图 3.2）进行评估。某些情况下，考虑弃用一些线索，例如如果某条线索的表现接近机会水平的话。

（3）绘制 ROC 曲线（见图 3.3），这张图显示了每个阈值产生的命中率和误报率。将阈值设置为漏报和误报最合适最平衡的值——要考虑到这两者之间的相对重要性。在现实情境中，判断这种相对重要性可能很困难，这也是分类艺术的一部分内容。

（4）检查生成的计数规则。是否可以通过改变目标类别或重新表述一个或多个原因来提升规则的透明度？例如，询问候选人是否有魅力而产出的规则，比询问候选人是否缺乏魅力而产出的规则要更容易理解和解释。

我们现在将此算法应用于心脏病监护问题。在我们拿到数据的 89 名患者中，15 名患者最终被诊断出患有这种疾病，因此他们应该被分配到心脏重症室。[1] 其余 74 名患者没有这种疾病，因此这些人应该被分配到普通护理床。

这一算法将目标类别设置为心脏重症室，因为这是观察频率较低的类别。接下来，我们研究了图 3.2，决定弃用病历、硝酸甘油和 ST 段阻滞这 3 条线索，因为它们的性能太接近机会水平了。从这张图表中，我们观察到剩下的 4 条线索在正向使用时表现优于机会水平，因此我们将线索方向设置为正向。我们要设置的最后一个参数是阈值，于是我们来绘制 ROC 曲线，如图 3.4 所示。阈值为 2 或 3 似乎是最合适的。我们可以将这两个阈值之间的权衡描述如下：在 100 名患有急性缺血性心脏病的患者和 100 名没有急性缺血性心脏病的患者中，将阈值从 2 增加到 3 会减少 7 次命中和 26 次误报。请注意，这些数字表示的是分类器在训练集中的表现，在实际情境中的表现可能会有所不同。

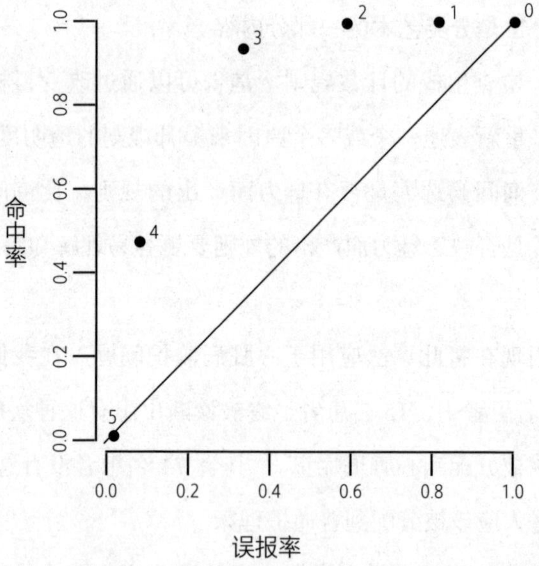

图3.4

由基本计数算法产出的分类器。阈值的选择受到文中所述的ROC曲线影响。

以数值线索构建分类

2007—2008 年的金融危机始于美国次级抵押贷款市场出现的一些问题，它迅速发展为国际银行业的危机。许多全球性银行倒闭，不得不接受救助。那么，分析师们能否提前预测出哪些银行濒临倒闭？我们将在第六章详细讨论这个问题。在这里，我们来考察一个数字线索——**杠杆率**，它对预测银行倒闭很有用。

杠杆率定义为银行的一级资本（包括普通股资本和公开储备）与其总资产的比率。杠杆率衡量的是银行有多少资本来自债务，可用于评估银行是否能够履行其财务义务。例如，某人以 10 万美元买了 1 套公寓，但他只有 1 万美元，剩余的 9 万美元做了抵押贷款，则杠杆率为 10000/100000 = 10%。杠杆率的值越高越安全。

图 3.5 左侧区域显示了 2006 年底资产超过 1000 亿美元的 110 家全球性银行的杠杆率分布情况。[2] 杠杆率从 1.41% 到 9.28% 不等。在这 110 家银行中，39 家在接下来的两年内倒闭，这些银行我们描述为“濒临倒闭”，其余的描述为“健康”。该图显示，健康的银行往往具有更高的杠杆率。

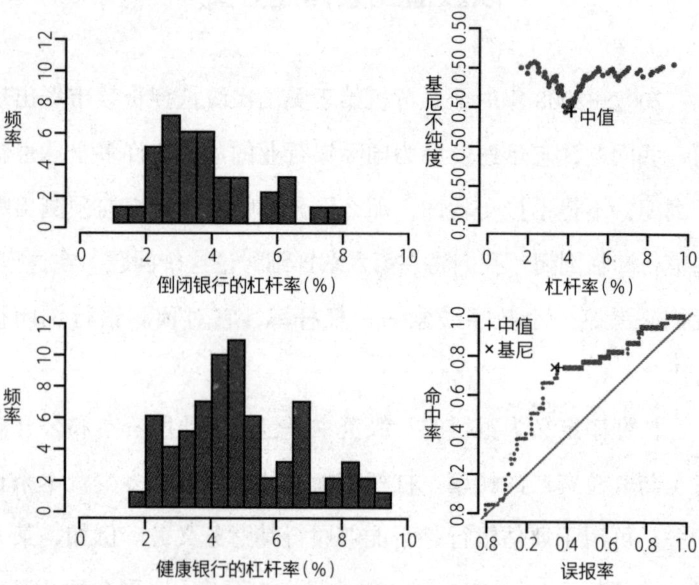

图3.5

2006年底110家全球性银行的杠杆率。我们可以通过使用中值或基尼不纯度把这个数值线索转换成一个二元线索。

我们如何在计数法中使用诸如杠杆率之类的数字线索？一种简单而有效的方法是，将数字线索转换为二元线索，该二元线索表示线索值是低于还是高于给定的阈值。这种方法中唯一的参数是线索阈值。这个阈值可以设置为训练集中的中值线索值。例如，杠杆率可以转换为一个二元线索来表示银行的杠杆率是低于还是高于训练集中银行的中值杠杆率。

有没有更好的方法呢？让我们思考一下，理想的阈值是什么样的。阈值将实例分成两组，对这两个组，分类器可能会给予不同的对待。例如，分类器可以将杠杆率低于阈值的银行分配到“濒临倒闭”那一类别，将高于阈值的实例分配到“健康”那一类。如果一个阈值是理想的，所有濒临倒闭的银行都将低于阈值，所有健康的银行都将高于阈值。然后，以此产生的二元线索会以完美的准确度对训练集中的所有银行进行分类。在实践中，我们不能期望各个类别能够如此完美地划分。但是，我们可以将阈值设置为最接近这个理想的值。

在每组银行中，不管它是在阈值之下还是之上，我们的目标都是**纯度**。如果一组银行都健康或都濒临倒闭，那么这个组就具有完美的纯度。另一方面，如果一个组中有一半的银行是健康的，而另一半是濒临倒闭的，那么这个组就有最低的纯度。我们需要一个度量反映这些观察结果的纯度。**基尼不纯度**就是这样一种度量。

基尼不纯度就是，如果根据组中的频率分布对组中的随机成员进行分类而分类错误的概率。它等于 2p（1–p），其中 p 是组中属于一个类别（例如濒临倒闭的银行这个类别）的实例所占的比例（那么，1–p 就是属于另一类的实例所占的比例）。例如，如果该组有一个濒临倒闭的银行和三个健康的银行，那么随机选择一个实例是濒临倒闭的银行的概率为 ¼。按照组中的频率分布，该银行被归类为濒临倒闭的银行的概率为 ¼，被归类为健康银行的概率为 ¾。因此，一家濒临倒闭的银行会被错误分类的概率为 ¾。相反，随机选择的实例是一个健康银行的

概率为 $\frac{3}{4}$，而它会被错误分类的概率为 $\frac{1}{4}$。考虑到这两个分类，分类错误的概率是 $\frac{1}{4}\times\frac{3}{4}+\frac{3}{4}\times\frac{1}{4}=2\times\frac{1}{4}\times\frac{3}{4}=0.375$。这就是这四家银行组成的这个组的基尼不纯度。

每个阈值将银行分为两组——低于阈值的一组和高于阈值的一组。这整个分组的基尼不纯度是这两组的基尼不纯度的加权平均值，其中权重是每组中实例的比例。为得到最大纯度，我们选择的这个阈值要使选择该阈值而产生的分组的基尼不纯度最小化。

图 3.5 中，右上角的区域显示了基尼不纯度随阈值变化而变化。以基尼不纯度作为度量，略低于 4 的阈值可实现划分不同类别的最佳效果。该区域还显示了数据集中的中值杠杆率。它恰好非常接近使基尼不纯度最小的阈值。右下角的区域显示的是，当生成的二元线索自身被用作分类器时的命中率和误报率。这个区域显示了使基尼不纯度最小化的阈值以及与中值杠杆率相等的阈值。

选择阈值也有其他的方法，例如，通过使用 ROC 曲线本身来选择阈值。基尼不纯度的替代选择是香农熵（Shannon entropy），它的公式定义为 $-p\log_2^{p}-(1-p)\log_2^{(1-p)}$，如前所述，其中 p 是属于一个类别的实例所占的比例。

构建快速节俭树的方法

现在，我们来思考如何构建快速节俭树。我们假设只有两个类别，并且所有线索都是二元的。正如在前面的部分探讨的，任何数字线索都可以转换为二元线索。如果我们已知漏报的相对成本和误报的相对成本，我们则可以使用该信息。

构建快速节俭树的基本方法

快速节俭树在线索之间产生优先级排序。这个顺序应该是什么样的呢？理想的二元线索将实例分成两个分支，使得每个分支中的类别分布都是纯粹无杂质的。实践中，很少有人观察到这种理想的状况，但我们可以再次使用基尼不纯度来大概地衡量出各条线索与这种理想状态的距离。基本的快速节俭树算法按照基尼不纯度的递增顺序对线索进行排序，将基尼不纯度最低的线索放置在树的根部。这种算法确定线索方向的方法与基本计数法相同。具体来说，它使用每条线索的方向是训练集中表现优于机会水平的方向，当线索被用作分类器时，由命中率和误报率来衡量（见图 3.2）。现在，这个树中唯一缺少的部分是出口结构，即各个出口在树中的定位。

在描述如何确定出口结构之前，我们首先要注意到，快速节俭树是一个词典编纂式（lexicographic）分类器。**“词典编纂式”**的意思是“像一本词典那样”。词典编纂式分类器对实例进行的排序，就像词典对所有单词进行排序一样。在确定一本词典中应首先定义两个单词中的哪一个单词时，我们从左到右、逐个字母地比较它们，直到遇到使两个单词开始有所不同的某个字母。例如，fast（快速）和 frugal（节俭）这两个单词的第一个字母相同，而第二个字母不同。Fast 排在 frugal 之前，因为在英文字母表中字母 a 在字母 r 之前。这两个单词其他的所有字母都与此不相关。

一个实例的线索属值与一个单词类似。ST 变化、病人主诉和其余任一症状，这是心脏病监护问题快速节俭树中的 3 条线索，我们按照它们的使用顺序依次来考察它们。这些线索的方向都是正向的。每条线索将由其数值表示，或为 0（未出现）或为 1（出现）。对于这 3 条二元线索，我们有 8 个可能的线索属值。例如，所有 3 条线索都出现的患者由线索属值“111”表示，所有 3 条线索都未出现的患者用“000”表示，ST 变化未出现、病人主诉出现以及其余任一症状未出现的患者用“010”表示。

有了线索的顺序和方向，词典编纂式分类器对 8 个线索属值进行排序，从最小到最大依次是：000、001、010、011、100、101、110、111。让我们来看一下具有相同线索顺序和方向的完整树，如图 3.6。请注意该树最底层的 8 个出口，它们每一个都映射到这 8 个线索属值中的一个。这些线索属值按字典编纂顺序从左到右依次排列。完整树是灵活的：它可以将任何线索属值分配给任何类别。然而，快速节俭树也是受限的：如果它将某一线索属值分配给较大的类别（1，心脏重症室），那么它也必须将所有较大的线索属值分配给同一类别。同理，如果快速节俭树将某一线索属值分配给较小的类别（0，普通护理床），那么它也必须将所有较小的线索属值分配给同一类别。

其中一条线索属值很特别，那就是预估类别是较小类别（普通护理床）的最大线索属值，这条线索属值叫作“**分裂属值**”（splitting profile）。[3] 构建心脏病监护快速节俭树的分裂属值是010，如图3.6所示，因为它把线索属值010或更低的患者分配至常规护理床，把线索属值超过010的患者分配至心脏重症室。分裂属值完全决定了快速节俭树的出口结构。

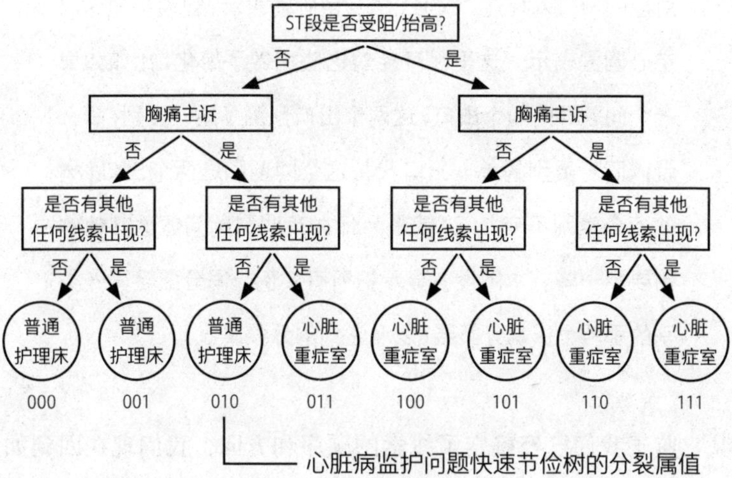

图3.6

线索顺序和方向与心脏病监护问题快速节俭树（图2.2）一样的完整树，以及该完整树的分裂属值。

图3.7显示了分裂属值定义的所有可能的快速节俭树。注意，其中有些树并不使用全部的3种线索。

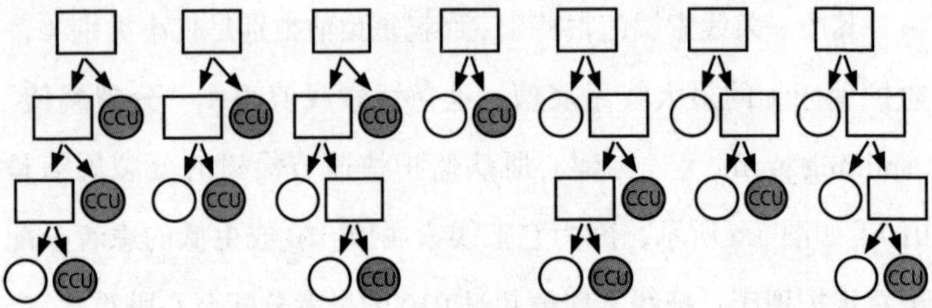

图3.7

对应所有可能的分裂属值的快速节俭树。心脏重症室对应的出口以标注“CCU”的灰色圆圈表示，普通护理床以空心圆圈表示。这里尽可能对这些树做了简化，比如如果一个问题导向两个出口，这两个出口预测了同一类别，那么就以同一类别的单一出口代替这个问题和这两个出口（树的各个类别不变）。这就是为什么有些树的问题比其他的树要少一些。本图没有显示把所有实例一同分配至同一类别的那两个极端分类器（以及它们的分裂属值）。

鉴于我们已经确定了线索的顺序和方向，我们现在回到如何设置出口结构的问题。每个分裂属值规定了一个出口结构。为了从这些快速节俭树中选择一个，我们要计算每个树的命中率和误报率，这就形成了 ROC 曲线。和基本计数法一样，我们考察 ROC 曲线以深入了解命中和误报之间的权衡，并选择最适合解决当前问题的树。图 3.8 显示了线索顺序和方向均设置为用于心脏病监护的快速节俭树的顺序和方向时相应的 ROC 曲线。图中以它们的分裂属值标记了所有的树。请注意，分裂属值越是以词典编纂的顺序增大，快速节俭树越是不会轻易将患者分配到心脏重症室，并且命中率和误报率都逐渐下降。我们将在“快速节俭树与信号检测理论”一节中进一步讨论表现与出口结构之间的关系。

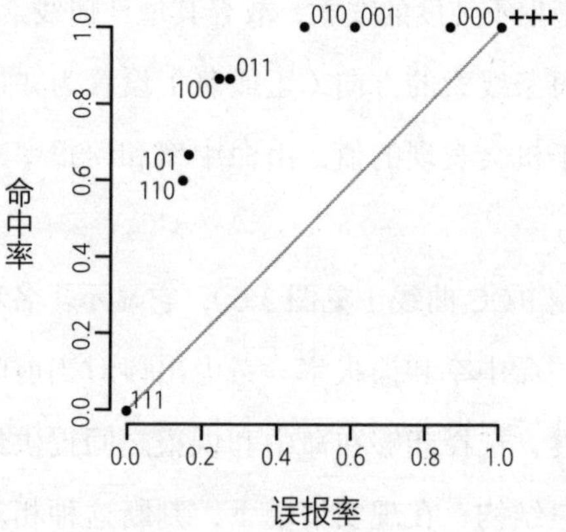

图3.8

各个具有不同分裂属值的快速节俭树对应的命中率和误报率，线索顺序和方向与心脏病监护问题的快速节俭树相同。全负分类器对应着分裂属值111，全正分类器由+++表示。

这种方法需要我们计算出所有可能的出口结构的 ROC 曲线，线索的顺序和方向是给定的。有 k 条线索，出口结构为 2^k+1，这个数字随着 k 的增大快速增大。因此，我们建议要限制树的深度。

构建基础快速节俭树：这是一种学习快速节俭树参数的算法，用于使用二元线索进行二元分类。输入参数：d（树的最大深度，默认值为 3）。它的构建模块如下：

（1）以基尼不纯度的升序对线索进行排列，除了具有 d 最低基尼不纯度的线索，放弃其他任何线索。

（2）将每条线索的方向（正或负）设置为在训练集中产生优于机会表现的值，由命中率和误报率来衡量（见图 3.2）。

（3）绘制 ROC 曲线（见图 3.6），它显示了各种出口结构产生的命中率和误报率。考虑出口对当前问题的相对重要性，选择能够在命中和误报之间提供最合适权衡的出口结构。在现实情境下，判断这种相对重要性可能很困难，并且这是分类艺术的一部分。

（4）检查生成的分类规则。能否通过重新表述一个或多个原因来提高规则的透明度呢？例如，询问患者是否有心脏病发作史可能会比询问患者是否没有心脏病发作史更容易产出一个易于理解和解释的分类规则。

构建快速节俭树：一次考虑一个原因

接下来，我们将描述另一种构建快速节俭树的方法，这种方法一次使用一个原因。添加下一个原因时，这种算法会把树的现有部分都考虑进去。

首先要确定第一个原因，包括要使用的线索、线索方向和出口。在基本快速节俭树算法中，线索是产生最小基尼不纯度的线索。线索方向是比机会表现更好的方向，通过绘制命中率与误报率的关系图，我们能轻松地看出线索方向（如图 3.2 所示）。线索方向决定了每个分支的类别预测。其中一个分支是树的出口，另一个分支将在另一条线索上分裂，除非这是树的最后一层。我们现在知道每个分支的类别预测，但还不知道哪个分支将是出口。为了对这个级别做出最终决定，我们要检查每个分支的基尼不纯度，而出口就是基尼不纯度较低的那一分支。

下一步，检查以下任一终止条件是否满足：（1）所有线索都已使用；（2）所有训练实例都已被分类到该树的现有各个层级中；（3）树已达到开发者设置的最大容许深度。如果这些条件中的任何一个成立，则该级别其余的分支也作为一个出口，配上相应的类别预测。否则，重复该过程以确定树的第二级。

下面的各个层级都是按照相同的过程构建的，但有两个不同之处。第一，不再考虑已经在之前的层级中使用的线索。第二，所有训练实例通过该树的现有各个层级进行处理，那些从出口得到分类的实例被放在一边，不再被使用。这意味着，计算剩余各条线索的基尼不纯度只使用其余留在树中的各个实例。

怎样以漏报和误报的相对重要性来考虑不同的用户偏好呢？如果一次漏报和一次误报同样都是不合需求的，那么就没有什么可做的了。除此之外，可以转换训练集以反映我们的偏好。这里举两个例子。

第一，我们来思考 1 次漏报和 4 次误报同样不合需求的情况。在这种情况下，通过复制正类中的每个训练实例使其出现 4 次，训练集以此得到扩大。第二，我们来思考另一种情况：漏报率和误报率同等重要。在这种情况下，表现的度量是平衡准确度，它等于命中率和正确拒绝率的平均数。设 n_1 为大类（训练实例数较多的类别）的训练实例数，n_2 为小类的训练实例数。在这种情况下，复制小类的每个训练实例，使之出现 n_1/n_2 次。对训练实例的这些调整自然反映了我们的偏好。

这种构建快速节俭树的方法被称为贪婪算法，因为树的每一层级都是通过只向前看一个层级来确定的。

贪婪快速节俭树：这是一种学习快速节俭树参数的算法，用于使用二元线索进行二元分类。输入参数：树的最大深度 d。它的构建模块如下：

（1）确定树的下一个原因：线索是产生最低基尼不纯度的线索。线索方向是比机会水平表现更好的方向，通过绘制命中率与误报率图（如图 3.2 所示），我们很容易就能看出线索方向。基尼不纯度较低的分支为出口。

（2）检查以下任一终止条件是否满足：① 所有线索都已使用；② 所有训练实例都已被分类到树的现有各个层级中；③ 树已达到最大容许深度 d。如果这些条件中的任何一个成立，则在当前层级创建第二个出口，完成该树。否则，放弃已经分类的训练实例并返回到步骤 1 以确定树的下一个原因。

（3）检查生成的分类规则。能否通过重新表述一个或多个原因来提高规则的透明度呢？例如，询问患者是否有心脏病发作史，可能会比询问患者是否没有心脏病发作史更容易产出一个易于理解和解释的分类规则。

其他方法与线上资源

我们可以使用其他方法来构建快速节俭树。[4] 有些方法不使用线索的命中率（灵敏度）和误报率（1－特异度），而是根据线索的阳性和阴性预测值做出设计决策。

还有另一种方法枚举了所有可能的快速节俭树空间，并选择在训练集中达到最佳表现的树。为了使这种方法易于处理，线索总数需要限制在一个小的数目，这种方法称为**“最佳拟合法”**（Best Fit）。这个方法也可以应用于计数。我们将在第四章和第六章中展示最佳拟合法的应用。

我们在一个 R 包里提供了几种构建快速节俭分类器的算法，这个 R 包叫作 ffcr（它是 R 包快速节俭分类的缩写）。这个包涵盖了本书提到的心脏病监护问题以及其他的数据集。其他资源包括 R 包 FFTrees、柏林马克斯 · 普朗克人类发展研究所的适应性工具箱网站。[5]

现实环境中的应用

现在，我们在以下 6 个环境中应用这些快速节俭分类器。每个环境都由一些实例构成，这些实例由它们的类别和线索值来描述。

百老汇：根据某个百老汇演出的类型（音乐剧、时事讽刺歌舞剧或戏剧）、第一周观众数量、获得多少个托尼奖提名、获得过多少个托尼奖、《纽约时报》对演出的评分结果、《每日新闻报》（*Daily News*）对演出的评分结果以及节目是否为旧剧重演，判断它是否能存活超过 6 个月。该环境含有 1996 年至 1999 年之间在百老汇开幕上演的 95 场演出。其中，27 场演出存活了 6 个月以上，68 场演出没有存活那么长的时间。[6]

青蛙：判断新南威尔士州（New South Wales）大雪山地区的 212 个地点是否存在南部夜宴蛙（southern corroboree frog）。可用的线索是海拔高度、与离其最近的现存种群之间的距离、潜在繁殖池的数量、两公里半径内潜在繁殖地的数量、春季平均降雨量、春季最低气温、春季最高气温、北距和东距。该物种在 79 个地点存在，在 133 个地点不存在。[7]

SMS①：确定一条手机短信是否为垃圾信息。可用线索是 1418 个单词（比如“获得”“便宜”和“很多”）的出现频率。

① Short Messaging Service，指手机短信业务。——译者注

该环境包含 5574 条短信，其中 747 条是垃圾信息，4827 条不是垃圾信息。[8]

数字：判断一幅图像显示的是数字 4 还是数字 9。可用线索是数值变量，每个变量代表一副图像的 28 × 28 = 784 个像素中的 1 个像素的灰度值。该环境包含 13782 幅灰度图像，其中 6824 幅图像显示数字 4，6958 幅图像显示数字 9。原始数据集包含了从 0 到 9 的所有数字的图像。我们选择了那些看起来与数字 4 和 9 相当相似的图像，以此将数据简化为一个二元分类问题。[9]

语音：根据语音样本的 20 个声学特性，例如平均频率、中频、频谱平坦度和声学信号测得的主频最小值，判断该语音样本是来自女性还是男性。该环境包含 3168 个预处理语音样本，其中 1584 个样本来自女性。[10]

恒星：确定某一空间观测结果是否是某一星系的观察结果。可用线索是天文坐标（赤经、赤纬）、红移和 5 波段望远镜响应的 5 个测量值。该环境包含 1 万个空间观测结果，其中 4998 个属于某一星系，5002 个不属于某一星系（它们要么属于某恒星，要么属于类星体）。[11]

在每个环境中，我们都测试了基本计数法、基本快速节俭树和贪婪快速节俭树。快速节俭分类器使用的线索限定为不能超过 6 条。作为基准，我们纳入了逻辑回归的结果。有一种逻辑回归的表现可直接与快速节俭分类器相媲美，因为数字线索已转换为二元线索，并且分类器仅限于使用基本计数法所选择的 6 条线索。另一种逻辑回归使用了给定的数字线索，也使用了岭回归正则化（ridge regularization），这是一种旨在防止过度拟合的统计方法。在每个环境中，我们使用了样本外测试并将 30% 的实例分配给了测试集。我们改变了训练实例的数量，从开始的少数几个到该环境能容许的尽可能多的数量，但数量不超过 5000。

图 3.9 描绘了测试结果。该图显示了不同训练集规模的样本外平衡准确度（命中率和正确拒绝率的平均值）。我们可以将结果分为三种情况。

在第一种情况下，所有算法都呈现出大致相同的表现。这种情况适用于预测百老汇演出是否能存活超过 6 个月以及大雪山地区是否存在南部夜宴蛙。在这里，3 个快速节俭分类器预测的效果同样好，与逻辑回归和岭回归在同等水平。这种表现的相似性适用于全部范围的训练集规模。

在第二种情况下，3 个快速节俭分类器在规模较小的训练集上呈现出相似的表现，但对于较大规模的训练集，基本快速节俭树落后于其他两种分类器。该结果适用于判断图像中的数字以及判断 SMS 是否是垃圾信息。在对 SMS 进行分类时，3 个快速节俭分类器的性能都优于逻辑回归，而在分类数字时，表现最好的快速节俭分类器与逻辑回归相同。对于数字和 SMS 这两种环境来说，岭回归在规模较大的训练集上表现最佳。在识别数字上，岭回归可支配 784（28 × 28）条线索，对 SMS 的分类上，它可以支配 1418 条线索，相比之下，快速节俭分类器只有

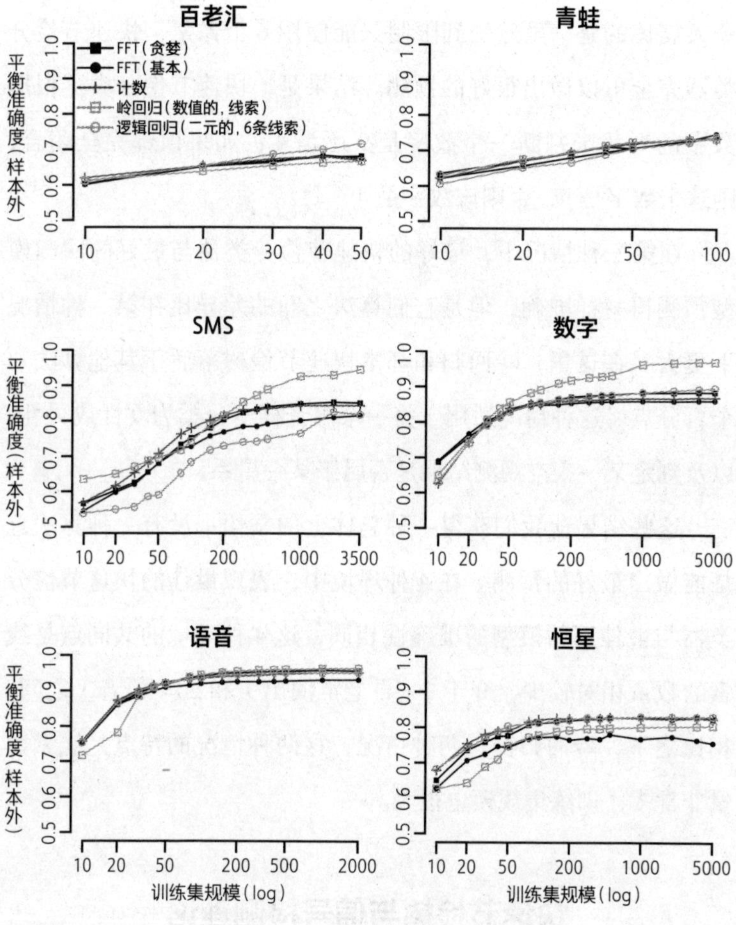

图3.9

快速节俭分类器的样本外平衡准确度。逻辑回归的平衡准确度在两个版本中作为基准,详细说明见正文。FFT是快速节俭树的缩写。

6 条或是甚至只有 3 条线索。岭回归也使用精确的数字线索值。令人震惊的是，虽然受到限制只能使用 6 个像素，快速节俭分类器完全可以做出很好的预测。结果是，快速节俭分类器根据数字的形状来判断一个数字是 9 还是 4：如果顶部完全闭合，则这个数字是 9，否则该数字是 4。

在第三种情况下，最好的快速节俭分类器与最好的回归模型预测得一样准确，但是它们算法之间的差异比在第一种情况下更大。在这里，岭回归和基本快速节俭树落后于其他算法几个百分点。这种情况适用于将一个声音样本分类为女性或男性，以及判定某一太空观测结果是否属于某一星系。

这些结果让我们获得一种总体上的领悟：没有一种算法总是能做出最好的预测。在 4 种环境中，表现最佳的快速节俭分类器与最佳回归模型的准确性相同，这 4 种环境的共同点是线索的数量相对较少，介于 7（百老汇演出）和 20（语音）之间。相比之下，岭回归擅长两种情况，这两种情况的特点是线索数量非常多，训练集规模也很大。

快速节俭树与信号检测理论

现在，让我们来考察具备 3 条线索的快速节俭树，这 3 条线索已经排好顺序。根据问题的不同，有时我们希望树生成的漏报较少，有时希望它生成的误报较少。我们如何构建出能够达到预期平衡的树？答案在于出口结构。具有 3 条线索的快速节俭树有

4 个出口。树底层的 2 个出口已经给出了。这给设计者留下了 2 个选择：在树的顶层把出口放置在哪里、在树的第二层把出口放置在哪里。因为这 2 个出口的每一个都有 2 个可能的位置，所以有 4 种可能的出口结构，这就界定了 4 棵快速节俭树。

图 3.10 显示了我们所描述的 4 种快速节俭树。这 4 种树都有 3 条线索，但它们的出口结构不同。为了使这些树具有可比性，我们使用术语“信号”用于正类，例如心脏重症室，使用术语“噪音”用于负类，例如常规护理床。最左边的树具有第一章中的保释 / 监禁树的结构，它的两个顶部出口都设置为信号（监禁），这意味着漏报的概率被降到最低程度。在它的右边，第二棵树具有心脏病监护树的结构。它的顶部出口也设置为信号，但第二个出口设置为噪音，这意味着它的漏报更多但误报更少（与保释 / 监禁树的出口结构相比）。再往右边看，下一棵树的顶部出口设置为噪音，第二个出口设置为信号。因此，它具有更多的漏报、更少的误报（与具有心脏病监护树的出口结构相比）。这棵树是为士兵们设计的，他们需要把靠近军事检查站的车辆分类为敌对车辆或非敌对车辆（我们将在第六章来分析这棵树）。检查站要解决的重要议题是避免向平民开枪，也就是避免误报。最终，最右边的这棵树具有第一章 HIV 检测树的结构。它的顶部两个出口都设置为噪音。因此，误报的概率被降到最低程度。

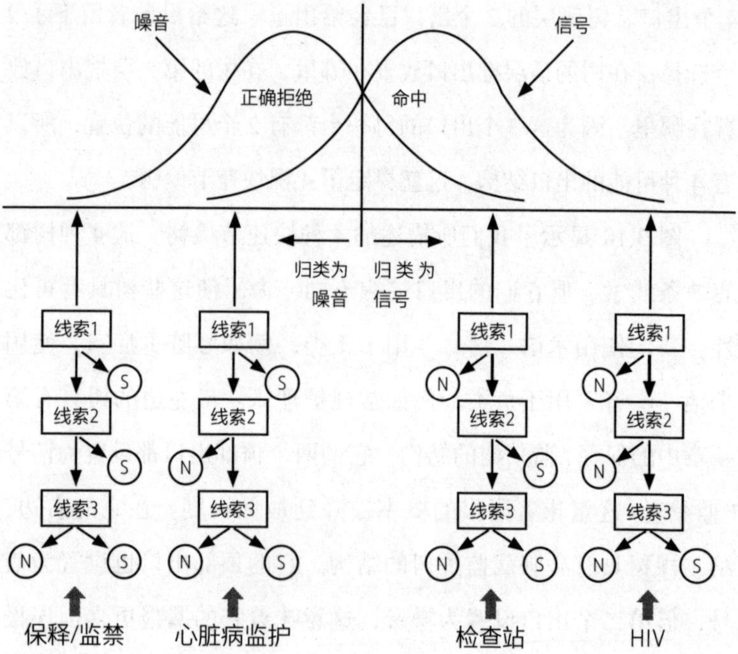

图3.10

快速节俭树与信号检测理论的关系。

该图说明了如何根据漏报和误报中哪一个要优先避免来选择快速节俭树的出口。[12] 此外，它还表明，对于只有少数线索的快速节俭树而言，漏报和误报之间的权衡不需要由一个数值参数来精确评估。选择这 4 棵树中的 1 棵树就足够了。即使是使用了 4 条线索，我们也只有 8 种可能的快速节俭树可供选择。

图 3.10 的 4 棵树映射到 ROC 空间中的 4 个点。该图的上部显示了创造 ROC 曲线的经典理论，该理论被称为“**信号检测理**

论”，该理论假设有信号和噪音两个类别，以及每个类别中实例的正态分布。[13]值得注意的是，实例的分布有重叠，这意味着我们无法做出完美的分类。垂直的那条线表示阈值，我们根据阈值进行分类，阈值是可调整的。这 4 棵树每棵树都对应着 1 个不同的阈值。

这一分析显示了人们可以如何理解“快速节俭分类器”和所谓的“最佳分类器”之间的关系。“最佳”分类器——例如源自信号检测理论（等同于奈曼-皮尔逊统计理论）的某种分类器——需要做出一些假设，例如正态分布以及划分两个类别的单一连续变量。现实情境中，我们当然不可能知道这样的假设究竟是在现在还是将来会成立。“最佳”分类器只有相对于其假设而言是最佳的，并不一定会导致现实情境中的最佳分类。例如，即使是在样本外预测中，快速节俭树也可以比信号检测理论能更好地进行预测。[14]

生态理性：找到条件，产出更好的结果

显然，现实环境中，不存在一种方法可以准确地算出能够导致未来最佳结果的分类器。不过，可能做到的是，明确地规定一些条件，在这些条件下，一个分类器能够比另一个分类器产出更好、更相似或更差的结果。找到这些条件，就是**生态理性**研究的主题。[15]“生态”这一术语指的是，联系到当前的环境结构，总体上评估策略的理性，具体上评估分类器的理性。

计数法与快速节俭树的关系

保释/监禁树是一种快速节俭树，它包括了将被告送入监狱的原因。但是，这个树也可以表示为一个计数规则：如果至少一个原因成立，就将被告送进监狱，否则准予保释。若线索有 k 个，我们大概会得出：

> 任一阈值为1或k的计数规则都可以表示为一个快速节俭树。任何将所有出口(除了底部的一个出口)设置为“信号”或将所有出口(除了底部的一个出口)设置为“噪音”的快速节俭树都可以表示为一个计数规则。

换句话说，1 条线索顺序对于分类无关紧要的快速节俭树等效于 1 个计数规则。回顾一下图 3.7 位于最右边和最左边的就是两棵这样的快速节俭树。这一观察结果让我们又能得出：

> 在一个计数规则中，把阈值设置为1或k，是将漏报和误报分别最小化，而不是平衡这两种错误。

因此，在目标是最大限度地减少漏报或误报时，使用相同线索和线索方向的计数法和快速节俭树是一样的。

单一线索与复杂的分类器在什么情况下一样好

假设一家公司想要预测其数以十万计的客户中有哪些客户会复购该公司的产品。公司打算发送一些有针对性的特惠或产品目录，而不是把钱浪费在未来不会购买的客户身上。因此，这一分类问题需要判定某一客户是“活跃的”还是“不活跃的”。有经验的经理报告说，他们使用的是具有单一线索的分类规则，这一启发式方法如下所示。[16]

间断启发式：如果一个客户在过去的 9 个月里没有买任何产品，那么就将其分类为“不活跃的”，否则分类为“活跃的”。

与标准的营销模型（例如帕累托 /NBD 模型①或逻辑回归）相比，该规则既快速又节俭。研究表明，与这些模型以及其他一些复杂的策略相比，间断启发式可以导致更准确的“总体外”预测。对于一家航空公司，该启发式对未来购买行为的预测正确率为 77%，而帕累托 /NBD 模型仅实现了 74% 的正确率。[17] 对于一个服装类企业，正确率分别为 83% 和 75%。这些算法是基于 40 周的数据而做的训练，用于预测客户在随后 40 周内的购买行为，这是“总体外预测”预测未知未来的例子。一项后

① 帕累托/NBD模型是由施米特莱因（Schmittlein）等提出的，用于描述非契约客户关系情景下客户重复购买行为。近年来，帕累托/NBD模型因其预测客户未来购买次数的准确性而受到众多学者的青睐。——译者注

续研究对 24 家企业展开了研究，该研究复证了总体外预测中这种“少即是多”的效应。平均而言，间断启发式比随机森林、逻辑回归以及帕累托 /NBD 做出的预测更正确，这几种方法都使用了更多的线索。[18]

生态理性的问题是：我们能否找到一些条件来证明一个分类器（例如单一线索的间歇启发式）能够与使用相同或更多线索的分类器相媲美甚至优于后者（反之亦然）？假设一个有 k 个二元线索的线性分类器，X_i=0 或 1，其中 i = 1，2，. . . . ，k，如果

$$\sum_{i=1}^{K} w_i x_i \geqslant h, \text{其中} w_i \geqslant 0, i = 1, \ldots, k$$

该分类器将客户分类为“活跃的”。

也就是说，所有线索都进行了加权处理然后计算总数，如果总数等于或大于阈值 h，那么预测结果就是“活跃的”。这里有一个使用简便的条件叫作“主导线索条件”：[19]

$$w_1 \geqslant h > \sum_{i=2}^{k} w_i$$

让“单一线索”指代具有最大权重（X_i）的线索。该条件表示，该单一线索的权重至少与阈值 h 一样大，而这个 h 又大于所有其他线索权重的总和。如果此条件成立，则单一线索与线性分类器以相同的方式进行分类。原因如下：想象一下，你正在逐个添加每条线索的贡献，首先添加的是该单一线索的贡献。

如果线索的值为1，则其贡献就是其线索权重。如果一条线索的值为0，则其贡献为0。如果单一线索的值为1，则其贡献为W_i，于是就达到了阈值（因为$W_i \geqslant h$）。接下来，无须计算来自其他线索的贡献，我们就可以把该实例归类为“活跃的”。另一方面，如果单一线索的值为0，则其贡献为0，即使所有其他线索的值为1(因为$\sum_{i=2}^{k} w_i < h$）也无法达到阈值。在这两种情况下，其他线索都无关紧要，都可以忽略。

主导线索条件解释了单一线索（例如间断启发式）做出的决策如何能够与更复杂的规则做出的决策相同，同时所需要的信息更少、计算更少。

快速节俭树与复杂分类器在什么情况下一样好

主导线索条件适用于单一线索，但它可以类推到快速节俭树。[20] 该条件不仅需要适用于顶部的线索，也需要适用于每条线索。也就是说，每条线索 ***i*** 都需要支配所有权重小于线索 i 的权重的其他线索。这被称为“**非补偿性线索条件**”，因为一条线索不能被权重比之较小的线索补偿（“推翻”）：

$$w_i \geqslant \sum_{j=i+1}^{k} wj\text{, 对所有 } j = 1, \ldots, k-1$$

非补偿性线索条件解释了快速节俭树的决策如何能够与更复杂的规则做出的决策相同，同时所需要的信息更少、计算更少。这是因为当条件成立时，快速节俭树分类的方式与线性分类器相同。[21]

偏差-方差窘境

上述两个条件（主导线索和非补偿性线索）解释了在某些条件下，线性策略使用的线索和计算更多，它做出的决策与快速节俭分类器做出的决策相同。然而它们并没有解释，在什么情况下，快速节俭分类器比线性策略预测更准确。对于样本外预测的情况，偏差-方差窘境可以为我们提供解释性的帮助。尽管它的构想针对的问题不同于我们这里所研究的问题，[22]但它仍然可以为我们提供一些思考。[23]

假设我们在解决一个估算未知变量的问题，其中样本是从同一总体中重复抽取的。对于每个样本，所求的预测方法都会产生一个估算值，估算值与真实值之间的平均平方差称为该算法的“**总预测误差**”。这个误差可以分解为：[24]

总误差 = 偏差^2 + 方差 + 不可约误差

算法“偏差”的定义是，算法的平均估值与真实值之间的差异，“方差”是这些估值围绕其平均值的变化。偏差涉及的是该分类器的函数形式能够多大程度上体现现实。例如，如果世界的真实状态是一条抛物线，而使用的模型是线性的，那么该模型就有偏差；另一方面，如果真实状态是线性的，而模型是抛物线，那么模型就没有偏差，因为抛物线可以体现直线。然而，如果抛物线的参数与线性模型的参数都是从训练样本中估算出来的，那么抛物线的方差会比线性模型更大。原因是，抛物线比线性模型更灵活，并且可以很容易地根据训练数据的特性进行调整。

当单一线索可以做出与更复杂的模型一样准确的决策时，这两个分类器的偏差相同。上述两个条件指的仅仅是误差中的偏差部分，即如果这两个条件成立，则快速节俭分类器和线性模型具有相同的偏差。[25] 预测还涉及另一种误差的来源——**方差**。方差随自由参数的数量和种类而增加，随训练集的大小而减小。一个没有自由参数的快速节俭分类器（就像具有固定间断的间断启发式那样）的误差只会由偏差而不会由方差产生。如果启发式的偏差与更复杂模型的偏差相同，但复杂模型由于方差而导致进一步的误差，则我们可以预见简单分类器比复杂模型预测得更准确。即使启发式分类器的偏差更大，由于节省了方差，它的总误差也仍然可以更低。在这样的情况下，少即是多。

注　释

1. 李·格林（Lee Green）与戴维·梅尔（David Mehr）用心肌梗塞（心脏病发作）作为局部缺血性心脏病的代表。

2. David Aikman et al., "Taking Uncertainty Seriously: Simplicity versus Complexity in Financial Regulation," *Industrial and Corporate Change*, in press.
3. Laura Martignon et al., "Naive and Yet Enlightened: From Natural Frequencies to Fast and Frugal Decision Trees," in *Thinking: Psychological Perspectives on Reasoning, Judgment, and Decision Making*, ed. Laura Macchi and David Hardman (Hoboken, NJ: John Wiley and Sons, 2003), 189–211.
4. Martignon et al., "Naive and Yet Enlightened"; Laura Martignon, Konstantinos V. Katsikopoulos, and Jan K. Woike, "Categorization with Limited Resources: A Family of Simple Heuristics," *Journal of Mathematical Psychology* 52, no. 6 (2008): 352–361; Shenghua Luan, Lael J. Schooler, and Gerd Gigerenzer, "A Signal-Detection Analysis of Fast-and-Frugal Trees," *Psychological Review* 118, no. 2 (2011): 316–338.
5. Nathaniel D. Phillips et al., "FFTrees: A Toolbox to Create, Visualize, and Evaluate Fast-and-Frugal Decision Trees," *Judgment and Decision Making* 12, no. 4 (2017): 344–368; "Adaptive Toolbox Library and Tools," http://www.adaptivetoolbox.net/ library.
6. Jeffrey S. Simonoff, *Analyzing Categorical Data* (New York: Springer, 2003), chap. 4.该数据集可以从作者的网站下载，http://people.stern.nyu.edu/jsimonof/AnalCatData/Data。访问于2019年12月24日。
7. David A. Hunter, "The Conservation and Demography of the Southern Corroboree Frog" (MA thesis, University of Canberra, 2000). 该数据可以从约翰·H. 梅因唐纳德（John H. Maindonald）和W. 约翰·布朗（W. John Braun）编写的 R-package DAAG获得。
8. Tiago A. Almeida, José M. G. Hidalgo, and Akebo Yamakami,

"Contributions to the Study of SMS Spam Filtering: New Collection and Results," *Proceedings of the 11th ACM Symposium on Document Engineering* (2011): 259–262. 该数据可以从UCI机器学习数据库获得, https://archive.ics.uci.edu。

9. Yann LeCun et al., "Gradient-Based Learning Applied to Document Recognition," *Proceedings of the IEEE* (1998).该数据集可以从第一作者的网站上下载, http://yann.lecun.com/exdb/mnis。访问于2019年12月24日。
10. Kory Becker, "Identifying the Gender of a Voice Using Machine Learning," *Primary Objects* (blog), June 22, 2017, http://www.primary objects.com/2016/06/22/identifying-the-gender-of-a-voice-using-machine-learning. 访问于2019年12月24日。
11. Lennart Grosser, "Sloan Digital Sky Survey DR14," 该数据集投放在kaggle.com网站上, 访问于2019年12月24日, https://www.kaggle.com/lucidlenn/sloan-digital-sky-survey。该数据集基于斯隆数字巡天计划第14次发布的数据: http://www.sdss.org/dr14。访问于2019年12月24日。
12. Luan et al., "Signal-Detection Analysis. "
13. Wilson P. Tanner Jr. and John A. Swets, "A Decision-Making Theory of Visual Detection," *Psychological Review* 61, no. 6 (1954): 401–409.
14. Luan et al., "Signal-Detection Analysis."
15. Gerd Gigerenzer, Peter M. Todd, and the ABC Research Group, *Simple Heuristics That Make Us Smart* (New York: Oxford University Press, 1999); Peter M. Todd, Gerd Gigerenzer, and the ABC Research Group, *Ecological Rationality: Intelligence in the World* (New York: Oxford University Press, 2012).

16. Markus Wübben and Florian V. Wangenheim, "Instant Customer Base Analysis: Managerial Heuristics Often 'Get It Right,'" *Journal of Marketing* 72, no. 3 (2008): 82–93.
17. Wübben and Wangenheim, "Instant Customer Base Analysis."
18. Florian Artinger et al., "Recency: Prediction with Smart Data," in *2018 AMA Winter Academic Conference: Integrating Paradigms in a World Where Marketing Is Everywhere*,ed.Jacob Goldenberg, Juliano Laran, and Andrew Stephen (Chicago: American Marketing Association, 2018), 2–6.
19. Gerd Gigerenzer, "What Is Bounded Rationality?" in *Routledge Handbook of Bounded Rationality*, ed. Riccardo Viale (London: Routledge, in press).
20. Martignon et al., "Categorization with Limited Resources."
21. 证据请参见Martignon et al., "Categorization with Limited Resources," 359–360。更多类似条件，请参见Konstantinos V. Katsikopoulos and Laura Martignon, "Naive Heuristics for Paired Comparisons: Some Results on Their Relative Accuracy," *Journal of Mathematical Psychology* 50, no. 3 (2006): 488–494。
22. Stuart Geman, Elie Bienenstock, and René Doursat, "Neural Networks and the Bias/Variance Dilemma," *Neural Computation* 4, no. 1 (1992): 1–58.
23. Gerd Gigerenzer and Henry Brighton, "Homo Heuristicus: Why Biased Minds Make Better Inferences," *Topics in Cognitive Science* 1, no. 1 (2009): 107–143.
24. Geman, Bienenstock, and Doursat, "Neural Networks."
25. 附加的一些条件确保快速节俭分类器不会比复杂分类器产生更多的偏差。累计优势度就是这样一种条件。请参见Manel

Baucells, Juan A. Carrasco, and Robin M. Hogarth, "Cumulative Dominance and Heuristic Performance in Binary Multiattribute Choice," *Operations Research* 56, no. 5 (2008): 1289–1304; Konstantinos V. Katsikopoulos, "Psychological Heuristics for Making Inferences: Definition, Performance, and the Emerging Theory and Practice," *Decision Analysis* 8, no. 1 (2011): 10–29; Özgür Şimşek, "Linear Decision Rule as Aspiration for Simple Decision Heuristics," *Advances in Neural Information Processing Systems* (2013): 2904–2912。有关其他决策任务(比如多属性决策和预测)中生态理性的讨论,请参见Konstantinos V. Katsikopoulos, Ian N. Durbach, and Theodor J. Stewart, "When Should We Use Simple Decision Models? A Synthesis of Various Research Strands," *Omega* 81 (2018): 17–25。

第四章

机器学习中的分类

CLASSIFICATION IN MACHINE LEARNING

如果机器人把所有的事情都做了，那我们做什么呢？

——北京某所幼儿园的某位5岁小朋友

快速节俭启发式的研究始于研究人员观察到人类非常擅长分类，他们提出了若干基于人类的核心能力的分类规则。例如，快速节俭树建立在排序的基本原则上，计数法建立在计数的基本原则上。

机器学习研究的是计算机如何进行准确的分类。它基于数据、巧妙的算法和强大的计算能力，而不是人类的直觉和能力，这就可能会导致复杂的分类规则。在面部识别中使用的深度神经网络可能是准确的，但它们并不透明。随机森林是另一种在机器学习中广泛使用的分类器，它产生的分类规则通常包含成百上千的决策树，这些决策树也不透明。

快速节俭启发式的研究注重分类规则的透明度，而透明度在机器学习中也很重要，尤其是当算法做出会影响到人的决策时。然而，简单且透明的规则往往被人们忽略，人们更倾向于复杂的规则，即使简单规则同样准确（或更加准确）。正如我们在下文中即将看到的，谷歌试图通过大数据分析来预测流感的传播，它没有把其算法与更简单的规则做对比测试，而这些更简单的规则最终表现得要更好。

机器学习是什么

机器学习是一门科学学科，它研究计算机程序如何从对世界的观察中学习以提高其自身性能。它是最有希望实现人工智能的方法之一。机器学习有若干方法，其中包括有监督学习、无监督学习和强化学习。

分类就是一个有监督学习问题。在有监督学习中，算法学习各条线索与实例的某个特征（例如其类别）之间的关联。比如，将痣分类为无害的皮肤问题或危险的黑色素瘤就是一个例子。通过观察一组痣，算法可以利用痣的线索（比如其大小、颜色和质地等）与活组织切片检查诊断出痣的类别之间的关系来学习一个分类规则。

在无监督学习中，算法使用实例的特征来推断数据集的结构，但是算法不会将实例分配到各个类别。一种典型的无监督学习任务是，将观察结果聚类成不同的组，相比于其他组内的观察结果，同组内的观察结果彼此之间的相似度更高。例如，聚类算法可能会根据痣的视觉外观把它们聚成组。这些聚类群组可以帮助医生深入了解痣的性质。

有监督学习和无监督学习可以映射到第一章给出的两个常

见的分类定义。第一个定义——为给定的一组类别确定分类规则的行为——是一项有监督的学习任务，这也是本书的重点。第二个定义——确定一组类别的行为，即形成、建立分类系统——是一项无监督的学习任务。

强化学习使计算机能够学习如何执行一个顺序性任务，例如驾驶汽车或下棋。计算机通过观察自己的行为产生的后果，通过反复试验来学习。例如，计算机可以通过与自己（或与其他对手）下棋并在每场比赛结束时观察比赛结果是赢是输还是平局来学习如何下棋。

我们现在来讨论三个成功的机器学习应用，其中两个应用是监督学习，一个应用是强化学习。这三个应用的共同点是，机器学习模型是在稳定的环境中在大量的数据上进行训练的。

成功的应用：识别、筛查、皮肤癌诊断、AlphaZero

人脸识别

有监督机器学习的一项成功应用是自动人脸识别。智能手机用户可以拿着手机放在面前，不到一秒钟就能将手机解锁。社交网络能自动识别出照片中的朋友是谁。世界各地的边境管制都使用自动化系统对比人脸与护照上的照片，以提高入境速度以及减少相应的员工数量。在中国，人脸识别的使用无处不在：它被用于使用自动取款机、酒店登记入住时核验身份，以及用于确认提供拼车服务的司机。[1]

2015 年，谷歌在自动人脸识别方面取得了里程碑式的成功。[2]谷歌采用的算法是一种深度人工神经网络，训练了 800 万人的 1 亿多张照片。它从每张彩色照片的 50176 个像素的红色、绿色和蓝色的值（这产生了 150528 条线索）来推断出不同的人脸。神经网络的结构很复杂，有 760 万个自由参数。这些参数是在一个由功能强大的计算机形成的网络上经过 1000 多个小时的训练时长估算出来的。训练后，算法的任务就是要去推断两张面部照片是否显示的是同一个人。在这个测试期间展示给神经网络的人脸，与训练时展示给该网络的人脸不同。该神经网络在 99.6% 的案例中推断准确。对于同一组照片，参与实验的人类参与者在 99.2% 的案例中的推断正确。[3]

自动人脸识别在现实世界中也是有效的。智能手机的用户在使用面部识别来解锁手机时，总是一次就能成功解锁，而扒手尝试解锁他们盗取的别人手机时很少成功。

人脸识别的两个重要应用是**筛查**和**识别**。在医疗领域，大家都知道它们的区别。乳房 X 光摄影术可用于无症状或有症状的女性。在第一种情况下（无症状），医生将其用于筛查，在第二种情况下（有症状），医生将其用于识别（诊断）。如果乳房 X 光摄影术的检查结果呈阳性，那么有症状的女性患乳腺癌的可能性比一般筛查的女性高得多。这种情况与监控相似。筛查把大众的面孔与嫌疑人面孔数据库做比对。相反，识别是在犯罪发生之后进行，把一名或几名嫌疑人的照片与照片数据库做比对。在这里，识别为调查嫌疑人提供了原因，正如它为调查有症状的女性提供了原因一样。在两种情境下，筛查都会导致更多的误报。

筛　查

2017 年在威尔士加的夫（Cardiff, Wales）举行的欧洲冠军联赛决赛中，警方对超过 17 万名前往该市观看皇家马德里（Real Madrid）和尤文图斯（Juventus）比赛的球迷进行了面部筛查。人脸识别系统报告了 2470 个人与包含 50 万张图像的罪犯数据库相匹配。然而，这些所谓的匹配里，2297 个是误报。[4] 虽然据警方称没有人被错误地逮捕，但是许多无辜的人成了调查重点。人脸识别筛查给警方带来了更多的工作：计算机提出的所有怀疑对象都需要人工对其再次评估。

通过将 535 名美国国会议员的照片与 2.5 万张先前被捕人员的照片做比对，亚马逊的面部识别系统也受到了考验。[①] 系统报告了 28 个匹配项，而所有匹配项都是错误的。因此，它的误报率为 28/535，即大约 5%。[5]

① 2018年7月27日（北京时间），北加州美国公民自由联盟宣布，联盟对亚马逊面部识别系统Rekognition进行了测试，当该联盟用553位国会议员照片做面部识别测试时，该识别系统将其中28名国会议员识别成曾经被捕的罪犯。——译者注

人脸识别筛查与第一章中讨论的 HIV 筛查类似。当一般人群的大量随机样本进行单次酶免疫测试时，大量未感染 HIV 的人可能得到一个假阳性检测结果。

识 别

让我们设想 FBI 在进行一桩刑事调查，警方从犯罪现场的监控摄像头获取了一张嫌疑人的照片。为了识别该嫌疑人，FBI 采用了一套自动人脸识别系统，将嫌疑人的图像与一个包含 4 亿张照片的数据库进行比对。这些照片大多不是罪犯的照片，而是从签证和护照数据库中收集的一般大众的照片。[6]

识别导致的误报比筛查要少得多。然而，即使是应用于识别，误报的数量也可能很大。我们不知道 FBI 人脸识别系统实际的错误率是多少。根据 FBI 的说法，如果某个嫌疑人在联邦调查局的照片数据库中，系统就会在 85% 的案例中将嫌疑人列入前 50 名。[7]但是，如果嫌疑人不在数据库中怎么办呢？无辜的人要多长时间被逮捕和调查一次呢？

皮肤癌诊断

计算机能否比皮肤科医生更准确地检测出皮肤癌？ 2017 年，斯坦福大学的学者调查研究了深度神经网络的学习效果——从 127463 幅图像中检测出危险的皮肤癌。[8]研究人员使用了 3 个分类任务，将网络检测的准确度与 20 多名皮肤科医生的检测准确度进行了比较。例如，其中一项任务是，对活组织切片检查所测量的 33 个恶性黑色素瘤和 97 个良性病变的图片进行分类。在测试之前，医生和神经网络都没有看到过这些图像。在所有 3 个分类任务中，该算法的表现都优于皮肤科医生平均水平。而另一方面，在每项任务中，某些皮肤科医生的表现与神经网络一样好，甚至略胜一筹。但总的来说，深度学习方法的表现令人印象深刻。此外，神经网络有可能应用到一般大众的智能手机上，让每个人定期进行自动化且费用不高的皮肤癌筛查。[9]

然而，在这项研究中，皮肤科医生处于不利的地位。在现实世界的临床环境中，皮肤科医生看的是皮肤本身，而不是去看皮肤的图片，医生们还可以与患者交流互动。

除了比较两者的表现之外，出现了一个更大的问题。深度学习这些令人印象深刻的成功应用真的能挽救人们的生命吗？证据并不支持这个想法。首先，皮肤癌筛查是否是广泛有益的，这甚至是不清楚的。美国预防服务工作组不建议此时进行筛查，并在 2016 年得出结论称："对于成人皮肤癌，目前的证据不足以评估临床医生对皮肤进行肉眼检测的利弊平衡。"[10] 其次，想象一下，如果深度学习算法能够在 100% 的情况下正确预测活组织切片检查的结果，这对患者有好处吗？医学研究员吉尔伯特·韦尔奇（Gilbert Welch）及其同事指出，1986 年至 2001 年间，美国皮肤活组织检查的比率增加了 2.5 倍，诊断出的黑色素瘤数量增加了 2.4 倍。[11] 然而，多年以来，黑色素瘤的死亡率并没有改变。作者得出结论称，越来越多的筛查增加了过度诊断的比率：更加频繁地检测出不会对患者造成伤害或死亡的癌症，并进行不必要的治疗。最后，随机抽样研究表明，癌症特异性死亡率只在少数集中癌症筛查中有所降低，这几种筛查包括针对乳腺癌的乳房 X 光检查和针对结直肠癌的乙状结肠镜检查，而皮肤癌不是其中之一。[12] 如果我们不只考虑癌症特异性死亡率，还考虑一般死亡率，那么这些筛查中没有一种能够显示出它们可以挽救生命。如果某种癌症没有治愈方法，那么早期诊断也并不能挽救生命。相反，所有筛查都可能会通过产生误报和引来不必要的担忧而伤害到患者。因此，深度学习系统的卓越诊断能力并不会自动地使患者受益。

AlphaZero

机器学习的另一个里程碑是，2017 年 5 月，计算机程序 AlphaGo 以 3 ：0 的比分战胜了当时世界排名第一的围棋选手柯洁。围棋是一种中国传统的棋盘游戏，人们认为，计算机程序想要掌握它是极具挑战性的。围棋的复杂性让人几乎无法详尽地列举所有可能的走法：在围棋中，棋手在每个棋位的走法大约有 250 种，而国际象棋中大约为 35 种。与谷歌的人脸识别算法一样，AlphaGo 使用了深度神经网络来玩这个游戏。学习下围棋是一项强化学习任务。AlphaGo 不会独立于上一步和下一步可能的走动，去学习将当前潜在的走动分类为“好”还是“不好”，而是去学习如何通过一系列的走动赢得比赛。这一算法之前的几个版本是从人类专家所玩的棋局中学习的，而新一代 AlphaGo Zero① 只能通过游戏规则进行学习，无须任何进一步的人工输入。它所做的只是通过与自己进行数百万次游戏来反复试验。[13]

仅仅几个月后，就在 2017 年的 12 月，第三代算法 AlphaZero 推出了。[14] 它不仅在围棋上击败了 AlphaGo Zero，还分别击败了在国际象棋和将棋（也称为日本象棋）上表现最好的计算机程序。这个神经网络对这三种比赛的每一种比赛都分别进行了训练，与自己进行了 24 场到 1.4 亿场比赛。它的体系架构不是为每款游戏量身定制的，而是在这三款游戏中都保持不变。

AlphaGo、AlphaGo Zero 和 AlphaZero 是在实验室而不是在现实情境中比赛。 与人类的表现相比，机器学习在定义明确且稳定的情境下（例如游戏），它成功的表现最为显著。例如，围棋就有着明确和固定的规则。皮肤癌的视觉模式甚至也是因患者而异的。人脸虽然确实会随着年龄的增长而变化，但速度非常缓慢，使用人脸识别的智能手机通过不时更新其所有者的图像来解决这个问题。

总的来说，正如引言中所说，我们的论点（“不稳定世界原

① AlphaGo Zero是谷歌下属公司Deepmind的终版围棋程序，这个程序可以从空白状态学起，在无任何人类输入的条件下，迅速自学围棋，并已经以100：0的战绩击败老版AlphaGo。——译者注

则”）是，情况越稳定，机器学习就越有可能胜过人类。如果稳定性不存在，那么人类和快速节俭分类规则就会有优势。

失败的应用：谷歌流感趋势、DNA检测

谷歌流感趋势

流行性感冒，俗称“流感”，是全球主要的一种死亡原因。世界卫生组织（World Health Organization）估计，每年有 300 万至 500 万人感染流感①,29 万至 65 万人感染流感死亡。[15] 流感流行因季节而异，并在冬季达到高峰。

图 4.1 显示了美国在过去十年所有周次中与流感相关的就诊比例。垂直虚线表示一年中的第一周。季节性样态很明显，不过流感高峰在不同的年份有所不同（包括其高度以及流感发生所在的周次）。在某些年份，可以观察到几个高峰。

预测流感发生并采取缓解措施可以减少传播。[16] 图中显示的数据似乎是一种监测流感爆发的有用来源。但是，这些数据是由美国疾病控制和预防中心（US Centers for Disease Control and Prevention）收集的，数据只有在患者就诊后一到两周才可获得，这便无法对流感的传播情况进行实时监测。

① 原文如此，此处所指的应仅为重症病例，而不是所有的感染流感者。——编者注

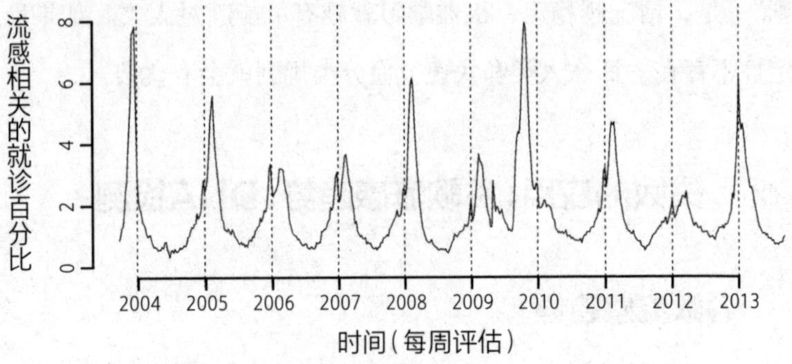

图4.1

每周美国流感相关的就诊百分比。这些数据是由美国疾病控制和预防中心收集的。

2008 年，谷歌推出了“谷歌流感趋势”，用于实时检测美国的流感爆发情况。该算法隐含着一种直觉，即感染流感的用户会使用谷歌作为搜索引擎来诊断他们的症状并寻求治疗和建议。谷歌的研究人员确定了一些搜索词，这些搜索词与流感相关的就诊有着高度的关联。谷歌流感趋势使用了其中的 45 个搜索词作为一个线性模型的线索。

最初，谷歌流感趋势在 2003 年至 2007 年间的数据上进行训练，并在 2007 年至 2008 年间的数据上进行测试。[17] 这个模型在拟合和预测方面都表现良好。然而，2009 年，谷歌流感趋势未能预测猪流感的爆发，这是自 1977 年俄罗斯流感以来的第一次流感大流行。[18] 通常情况下，如果一个复杂的模型失败了，人们就会把它做得更加复杂：2009 年秋季，谷歌对这一模型做了修订，将线索数量从 45 个调到了 160 个。[19] 然而，新版本的模型在预测方面表现得也不好。[20] 从 2011 年 8 月到 2013 年 9 月，新版的模型在 108 个星期中高估了 100 个星期的与流感相关的就诊比例。[21]2015 年，谷歌流感趋势宣布关闭。

为什么谷歌流感趋势失败了

谷歌流感趋势失败的一个主要原因是，流感不是一种稳定的现象，而是不断发生的变化。例如，2009 年的猪流感与季节性流感在几个方面有所不同。[22] 在美国，4 月出现最早的一些猪流感病例，10 月爆发达到了高峰，而季节性流感通常在 10 月开始，并在 12 月和 2 月之间达到高峰。此外，猪流感还有其他一些症状，例如腹泻和呕吐。与季节性流感不同的是，老年人对猪流感的感染率较低，这表明人对该病毒有一种先存免疫力。这些差异很可能就会反映在谷歌用户不同的搜索词中，并且，至少可以部分解释该算法预测流感爆发的失败。

失败的另一原因可以追溯到谷歌本身所做的更改上。谷歌的工程师不断尝试微调搜索算法，以对用户使用不同的搜索词做出反应。[23] 例如，在 2012 年，搜索病症的谷歌用户在列出可能诊断结果的搜索结果页面上看到了新增的一个框体。这就可能影响到他们的搜索行为。谷歌用户的行为也受到媒体的影响。对流感或相关主题的新闻报道可能会触动没有任何症状只是好奇的人进行与流感相关的搜索。该算法无法把这种类型的用户与有实际症状的用户区分开来。

另一个问题存在于谷歌流感趋势算法的开发之中。为了训练该模型，他们评估了5000万个搜索词和与流感有关的就诊之间的关联，只有45个相关性最高的搜索词被纳入该算法的第一版。相关性是通过使用美国9个地区的128个周次的每周估值计算得出的。与5000万个可能的线索相比，这1152个数据点的训练样本很小。人们可能会认为其中有些搜索词的相关性很高，即使它们与流感没有结构性的关系。例如，谷歌报告称，“高中篮球”是与流感相关的就诊相关性最高的100个搜索词之一。[24] 这其实是因为，高中篮球比赛和流感爆发的季节差不多，从11月开始，到3月结束。[25]

简单规则可以比大数据表现更好吗

当第一版谷歌流感趋势算法失败的时候，算法工程师可以选择用某种方式修订这一算法。他们遵循的是这一启发式：“如果你遇到一个复杂的问题并且你的复杂算法失败了，那么就让算法变得更加复杂。”而我们提出另一种启发式：“如果你正在应对极度不确定性并且你的算法失败，那么请让算法变得更简单。”我们将在下文中展示如何以这种替代方式开发算法。

心理学研究表明，在充满变化和分裂的情况下，人们依赖于近因。1838年，托马斯·布朗（Thomas Brown）就已经构想出了近因定律，该定律指出，最近的经历比遥远的过去更容易浮现在脑海中，并且通常是指导人类决策的唯一信息。[26] 还有一些当代研究报告称，自上次最后一个事件（例如，出现在《纽约时报》标题中或一封电子邮件中的某一个词）与该事件在下一个时间间隔（例如，一天后）发生的概率之间，存在着一种指数关系，而人们不会盲目依赖近因，而是会适应环境的统计结构。[27] 本着这一研究的精神，我们制定了以下的简单规则。

近因启发式：预测本周与流感相关的就诊次数将与两周前的相应最新数据持平。

不同于谷歌流感趋势算法基于 4 年的所有数据校准，近因启发式忽略了这个信息，仅仅采用最近的基准点。因此，它可以对预料之外的变化快速做出反应。我们对近因启发式进行了测试，测试使用的数据与测试修订后的谷歌流感趋势算法的数据相同，即 2009 年 9 月至 2013 年 9 月之间每周的观察结果。这两种方法之间的比较结果如表 4.1 所示。修订后的谷歌流感趋势算法在四年内的平均绝对误差为 0.49 个百分点。尽管这个误差看起来很小，但我们可以在表 4.1 中看到，与流感相关的就诊率介于 1%~8% 之间，平均值为 1.8%。因此，对所有观察结果缺乏经验地预测为 0 个百分点所导致的平均绝对误差，仅仅只有 1.8 个百分点。

表4.1 简单启发式在预测流感相关的就诊上产生的误差少于谷歌的大数据分析

	线索	预测的平均绝对误差（百分点）
谷歌流感趋势（2009年修订版）	从5000万个搜索词条中选出的160个线索	0.49
双参数回归（两周前的流感相关就诊数据）	单一线索	0.34
近因启发式（无自由参数）	单一线索	0.33

本表显示了第二版谷歌流感趋势模型的表现，该模型是在2009年夏季未能预测猪流感后进行修订更新的。这些预测是对2009年9月至2013年9月这段时间的预测。预测准确度以预测和观察结果之间的平均绝对误差来衡量。

近因启发式的平均绝对误差仅为0.33个百分点，它衍生于人们在事情发生变化时如何做出预测的心理学原理。这一启发式不会分析数百万个搜索词、找寻统计相关性或是测试成千上万个模型。它可以在瞬间完成预测，因为我们可以在几秒钟内从疾病控制和预防中心的网站轻松获取它的单一线索。[28]而且，与神秘的谷歌算法不同，该启发式是绝对透明的。

对数据敏感的人此时可能会打断我说："你为什么不用这个单一线索做回归？那样做的话，就能让你更加灵活，每周可以调整参数。"实际上，研究人员也遵循了回归的方法，数据科学家戴维·雷泽（David Lazer）及其同事展示了相关数据，双参数回归的平均绝对误差为0.34个百分点，它的参数是近因线索

（他们称之为两周滞后）的权重和截距。[29] 与启发式相比，这种方法并没有带来任何改进。而且近因启发式不涉及需要估算的自由参数、无须计算，并且可以很容易应用。对比而言，回归的参数则需要每周更新。

对与流感相关的就诊进行预测，这不是一个样本外问题，而是一个总体外预测问题。在样本外测试中，人们会使用 2009 年至 2013 年之间就诊的所有数据，并将这些数据随机分配到两组，一组用于训练，另一组用于测试。相反，这个案例的任务是预测未来可能发生的新的就诊。正如我们在猪流感的案例中看到的那样，未来与过去是不同的。

在现实情境中，一个好的原因可能比大数据还要有用。[30] 总的教训是，人们应该始终对复杂算法的表现与快速节俭分类器的表现进行比较。谷歌的研究人员没有洞察到这一点，也没有将他们的模型与那些不需要使用搜索引擎获取的大数据的简单规则进行比较。

DNA检测

大家可能认为 DNA 测试对识别罪犯来说是一种无误差的方法，这是不对的。证据（在犯罪现场发现的 DNA 样本）与嫌疑人的 DNA 之间匹配并不能证明嫌疑人有罪，也不能证明嫌疑人曾到过犯罪现场。这些与基因有关的材料可能是其他人在犯罪现场的栽赃、标签贴错了或是材料在实验室受到了污染。即使证实了嫌疑人到过犯罪现场，嫌疑人也可能是在犯罪之前或之后就在那里。《计算出的风险：如何了解数字什么时候会骗人》（*Calculated Risk: How to Know When Numbers Deceive You*）一书详细讨论了这些可能性以及其他不确定性。[31] 我们在这里关注的不确定性是指 DNA 测试结果本身固有的不确定性。

反映 DNA 测试不确定性的衡量标准是**似然比**（likelihood ratio）。它是嫌疑人 DNA 样本与在犯罪现场发现的 DNA 样本之间的匹配概率与对随机一个人来说这一相同匹配概率值之间的比值。如果 DNA 样本完整且未被污染，似然比通常估计在 100 万到 10 亿之间。[32]

但是，如果基因样本的质量较差怎么办？通常在犯罪现场能够取得的基因样本，就是来自几个人的、微小的、不完整的基因样本以及基因物质的混合物。在 20 世纪 80 年代和 90 年代，DNA 测试仅限于来自精液、血液和唾液的完整样本，但是随着技术的进步，实验室开始分析质量较差的基因物质。

纽约市首席法医办公室的 DNA 实验室开发了一种法医统计工具①（FST）来分析这些有挑战性的 DNA 样本。该工具于 2011 年投入使用并很快在纽约市内外流行开来，它声称只需要二十万亿分之一克的遗传物质就能测试出 DNA 样本是否匹配。

在法庭上使用 FST 引发了争议，因为它的算法是专利的，

① 法医统计工具（The Forensic Statistical Tool，缩写为FST）依赖计算机软件从 DNA 样本中识别身份信息。后来，纽约首席法医办公室决定停用FST，原因在于其分析结果的准确性存在问题。——译者注

没有公布于众。在几个案件中，辩方律师试图获取它的源代码，但是都徒劳无功。直到 2016 年 6 月，一位法医软件专家才得到机会去分析一桩非法持有武器案件中针对辩方的算法。据《纽约时报》报道，他和其他一些熟悉底层算法的专家对 FST 的准确性提出了质疑。[33]FST 的一些假设是不正确的，这些假设可能导致不准确的预测结果。例如，FST 没有考虑到混合物（也就是来自几个人的 DNA 样本）中亲属共享 DNA。此外，该算法无法准确判断组成混合物的人数，也没有考虑到遗传证据会因时间和天气而衰减。

FST 不是一个透明的工具。应用该算法的大多数实验室工作人员并不理解它，也无法检查违背其假设后它会做出的可能错误的定罪。2016 年 9 月，纽约市停止使用 FST。

FST 并不是唯一面临这些问题的 DNA 测试软件。例如，在 2016 年的一起谋杀案审判中，对于被告的 DNA 与犯罪现场发现的 DNA 之间的匹配，两种商业化的法医算法 TrueAllele 和 STRmix 得出了相反的结论。[34]

谷歌流感趋势和 FST 的失败有两个共同点。首先，两者都不能应对流感和犯罪的不确定性。以谷歌流感趋势为例，不确定性在于环境的不稳定性。用户的搜索词、流感的特征以及搜索引擎本身都会随着时间发生变化。在 DNA 测试中，不确定性在于数据的质量，即 DNA 样本可能是微小的、受污染的。其次，这两种算法都不透明。谷歌没有公布该模型包含的所有搜索词，专利的法医算法也只是给出了一个概率估值，没有提供任何信息让我们了解这个结果是如何计算出来的。让一个算法透明可以防范失败，因为我们可以验证或质疑它的假设。

机器学习模型的透明度

2018 年 5 月，《通用数据保护法案》在欧盟生效。它主要规范数据保护，但也限制在个人问题（如获得贷款或保险的相关问题）上使用自动化决策。该法案规定公民有权访问“所涉逻辑的有意义信息以及算法的含义和预期后果”。换句话说，它要求欧盟公民要被告知算法如何根据他们的个人数据做出决策。[35]

该法案引发了激烈的争论。一方面，一些专家表示，一项严格的法案会使“深度学习成为非法”[36]。另一方面，有一些声音认为欧盟的这项法案过于模糊，无法改变数据行业。

我们可以做些什么呢？我们可以看到，两个有关透明度缺乏的问题需要得到解决。第一个问题是算法出于专利原因而保密。第二个问题是算法的复杂性，如深度神经网络。信用评分员、法院以及其他评分机构使用的大多数算法不是神经网络，而是线性算法。因此，德国消费者事务咨询委员会（German Advisory Council for Consumer Affairs）建议，信用评分员和其他一些机构要向公众披露他们所使用的线索及其权重。[37]这会让个人了解为什么他们的贷款或保释请求被拒（参见第一章）。机器学习界开始越来越多地将透明度视为与准确度同等重要的优点，并更加努力地去提供“可解释的”算法。[38]

不幸的是，大多数机器学习算法对大多数人来说并不透明。尽管大家一直在努力，但深度神经网络是不可解释的。另一个成功但也不可解释的算法是随机森林，它是许多（通常是数百个）决策树的集合。随机森林所做的预测是所有决策树的“多数票”，人们却并不容易理解它是如何产生的。[39]

对于复杂的、不透明的算法问题，一种解决方案是简单同时也准确的算法。透明的机器学习算法也确实存在，我们研究了快速节俭树、计数法与其中某些机器学习算法之间的关系。

快速节俭树与机器学习：构建决策树和决策列表

决策树

1912 年 4 月 10 日，豪华的远洋班轮泰坦尼克号（Titanic）离开了南安普敦（Southampton），开始了穿越大西洋驶向纽约市的初次航行。4 天之后，它却与冰山相撞，并在 3 小时内沉没。船上载有 2200 多名乘客，其中只有 711 人幸免于难。[40] 是每个乘客都有同样的机会生存，还是救援行动偏袒富人而不是穷人（或者情况反过来）呢？

图 4.2 的左侧部分显示了由 CART①（一种著名的机器学习算

① 分类与回归树（Classification and Regression Tree，CART），是非常重要的一种决策树，CART算法既用于创建分类树，也可用于创建回归树。——译者注

法）产生的树。[41]CART 是**分类与回归树**的缩写，这个算法早在 1984 年就已提出了，至今仍在广泛使用。后面我们会详细介绍这个算法。图中这个树的第一个问题是，乘客是否为男性。如果不是，那么第二个问题是，她是否乘坐三等舱。如果是，那么她被归类为死亡，否则被归类为幸存。换句话说，所有乘坐一等舱或二等舱的女性都被归类为幸存者。然而，如果乘客是男性，那么第二个问题是，他是否是成年人。如果是，那么他被归类为死亡。如果乘客是一个男孩，那么接下来的问题是，他是否为三等舱乘客。如果是，那么死亡；如果不是，则幸存。男性乘客只有在是男孩且不是三等舱乘客的情况下才被预测为幸存，而乘客乘坐三等舱意味着无论性别如何都会死亡。总而言之，这棵树正确再现了 79% 乘客的命运。

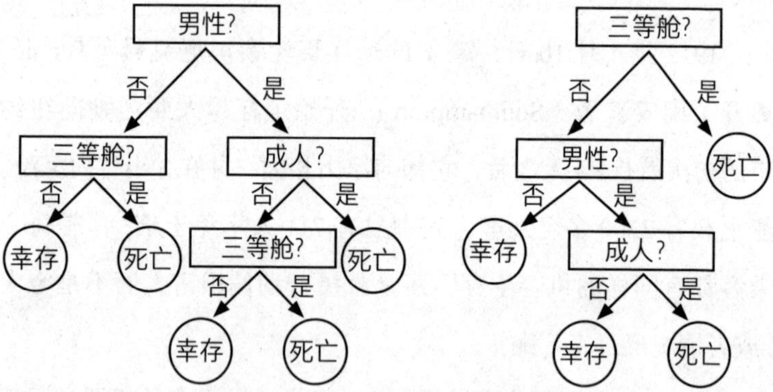

图4.2

将泰坦尼克号的乘客分类为“幸存”或“死亡”的决策树（左）与快速节俭树（右）。

图 4.2 中的右侧部分显示了一个快速节俭树。这种快速节俭树是使用了最佳拟合法（参见第三章）产生的。它的问题和出口少于 CART。它更简单、更优雅且更容易记忆。这一快速节俭树做出的分类与 CART 相同。在快速节俭树中，第一个问题是乘客是否乘坐了三等舱，如果是，则将乘客归类为死亡。如果不是，第二个问题是乘客是否是男性。如果不是，则幸存。否则，接着问第三个问题，乘客是否是成年人。如果是，死亡；如果是男孩，则幸存。

泰坦尼克号案例的意义是，机器学习在构建决策树方面有着悠久的传统，CART 为其中的代表，这些决策树相对于神经网络而言相对透明。快速节俭树是决策树中一个特别的类别，它比 CART 更透明，它们对树施以严格的结构，以此来实现透明度，每一层都做出一个决策，层的数量有限。如例子所示，CART 没有机制来保证挑选出最透明的树。

构建决策树

学习决策树的第一个算法于 1963 年以“**自动交互检测法**”（automatic interaction detection）为名发布。[42] 这个算法当时已经使用了当今算法的关键特征：构建一个决策树是去分解若干局部问题，这些局部问题是找到那些能够最小化不纯度的问题。如第三章中所定义的，不纯度衡量的是一个问题分出两个类别的程度。让我们来看 CART 树（图 4.2）中的第一个问题。如果性别对于幸存者分类没有用，那么男性中幸存者的比例将与女性中幸存者比例相同，即每个性别幸存者比例均为约 32%（2201 人中 711 人幸存）。这一无用的线索则是不纯度最高的线索。实际情况是，性别问题是最有用的，因为它最大限度地降低了不纯度：73% 的女性乘客幸存，而只有 21% 的男性乘客幸免于难。下一步，男性乘客被分为成人和儿童，因为这是不纯度最小的问题。CART 使用了基尼不纯度（第三章）。回想一下，对于每个出口，基尼不纯度定义为 2p（1– p），其中 p 是该出口中两个类别之一所占的比例。

局部寻找最佳分裂的过程叫作贪婪分裂（第三章）。虽然，理论上贪婪分裂并不能保证找到最准确的树，但它们通常会导致还算准确的解决方案。

CART 流行的一个主要原因是它可以有效剪枝来减小树的规模，使其不易过拟合。剪枝还让树更易于解释。在修剪最薄弱的问题之前，CART 会创建一个非常大的临时树。每个问题的强度取决于，若该问题被移除，基尼不纯度增加的程度。

第三章中讨论的基本快速节俭树与 CART 非常相似。基本快速节俭树也是使用基尼不纯度来确定问题。主要的区别在于 CART 选择一棵树仅仅是为了准确度，而快速节俭树的目标既是透明度也有准确度。[43]

灵活的模型拟合较好而预测更糟

CART 等机器学习树非常灵活。一定的灵活性允许数据很好地拟合，但可能会损害预测。为了证明这一点，请设想一下对选区进行不公正地重新划分。想象一个世界，在这个世界中，人们的选票完全取决于他们居住的地方，即取决于地理因素。线索是二元线索：东-西和南-北、两个政党、理想主义者和实用主义者。我们现在引入一个相当复杂的公式来划分两党的选民，然后说明 CART 可以准确无误地对每个选民进行分类却不能很好地预测。

这个世界的公式是：

$$y=0.5x_1+2x_2-4x_1^2-2x_2^2+2x_1x_2+0.5R$$

选民的行为不是确定性的。在公式中，R 反映了投票行为中的概率元素，遵循均值为 0 和标准偏差为 1 的正态分布。两条线索东-西（x_1）和南-北（x_2），线索的值从 0 到 1。所有 y> 0 的选民都投给实用主义者，其他人投票给理想主义者。图 4.3 展示了我们的这个世界，忽略了随机因素。投票给实用主义者的人主要居住在西-北地区，而投票给理想主义者的人主要居住在东-南地区。

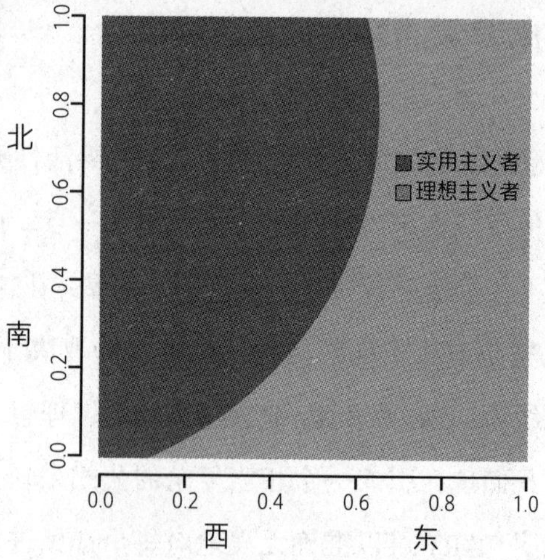

图 4.3

地理因素决定选民投票的世界。概率元素R的影响没有在本图展示。

我们从这个世界随机抽取了 500 名选民做抽样调查。图 4.4 上面的部分是拟合这个样本的一个完全生长的 CART 树。我们没有修剪它，而是让它生长。这棵树很出色，包含了 91 个问题，每个问题都分裂为两条线索，要么南–北要么东–西。例如，第一个问题测试东–西是否 < 0.56。黑色出口预测的是实用主义者，浅灰色出口预测的是理想主义者。下方左图显示了这棵树与 500 名选民的拟合。每个矩形区域中，树预测选民投票给同一政党。没有矩形包含投给不同政党的选民。因此，树完美地拟合了数据（100%）。这个结果看起来令人印象深刻，但也令人持怀疑态度。毕竟，在我们真实的复杂世界中，存在着随机性。

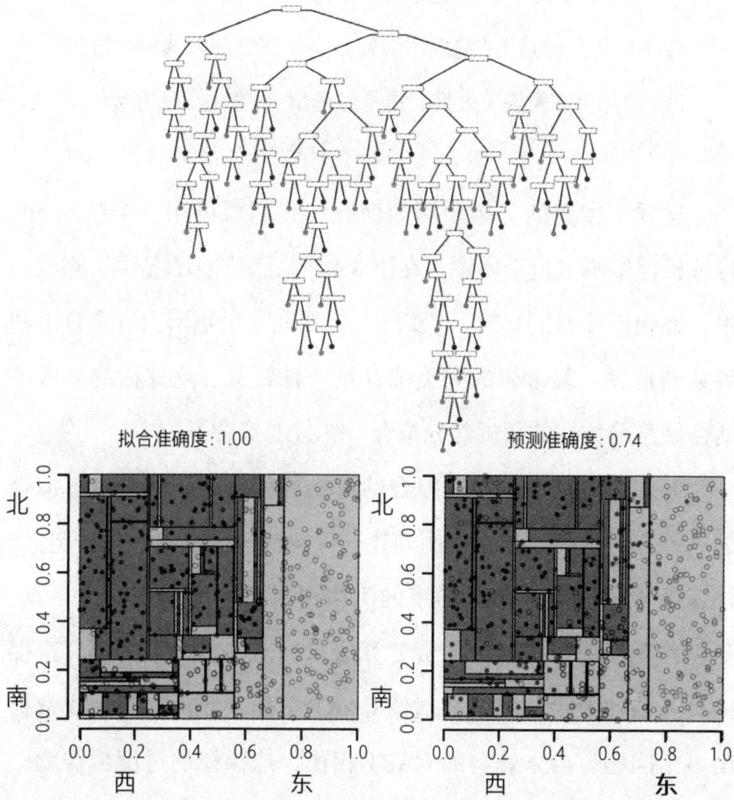

图4.4

完美拟合并不意味着良好的预测。上部的图显示了一个复杂的树（未修剪的CART），它可以通过数据拟合完美地对选民进行分类。一个完美的拟合意味着左下图中每个矩形只包含一种选民——黑色圆圈代表的实用主义者或浅灰色圆圈代表的理想主义者。黑色和灰色的圆圈有时可能出现在同一个矩形的边上。这样的情况下，有的矩形非常窄长，有的线比较粗。通过拟合来确定一棵树会导致一个有点像不公正划分选区①的地理因素。当用来预测新选民的行为时，这棵树的表现不太好。这是过度拟合，如右下图所示。

这棵“完美的”树预测如何呢？我们可以用一个新的500位选民样本测试这个问题。在图4.4中，下方右图显示了测试结果：准确度降到了0.74。[44] 实际上，在同一个矩形内有来自不同政党的选民。复杂树的完美拟合是一种错觉。这棵树的高度灵活性使其与数据的随机部分拟合——过度拟合了。

一棵树越灵活，过度拟合的可能性就越大。减少过度拟合的一种方法是引入结构，例如让这棵树快速而节俭。根据定义，快速节俭树没有那些无约束的决策树灵活。为了证明这一点，我们首先使用第三章中的贪婪算法来构造一棵复杂的树，这棵树具有快速节俭的结构，就像CART一样，允许对同一线索提出多个问题。与未修剪的CART相比，这棵树的过度拟合就已经较少并且预测效果更好了。它的拟合准确度和预测准确度分别为0.85和0.80。在我们的250次重复测试中，这棵树的平均问题数为9.9个。但是，平均起来，做出预测之前只有两个问题

① 不公正划分选区（gerrymander），这个术语来源于美国马萨诸塞州州长埃尔布里奇·杰利（Elbridge Gerry）。1812年，为了确保本党候选人能赢得40个关键席位中的29个，他将本州选区进行了重新划分，划分出的地理形状让敌对的联邦党的选票集中在少数选区，形状酷似蝾螈（salamander）。这种做法就由州长埃尔布里奇·杰利的名字（Gerry）与蝾螈（salamander）合成的新词命名。——译者注

被问到。

第二步，我们构建了一个最多问两个问题的快速节俭树，一条线索一个问题（图 4.5，左图）。这棵树的拟合准确度达到了 0.81，预测准确度达到了 0.79。图 4.5（右图）显示出，它比图 4.4 中过于复杂的树更符合真实的地理因素。

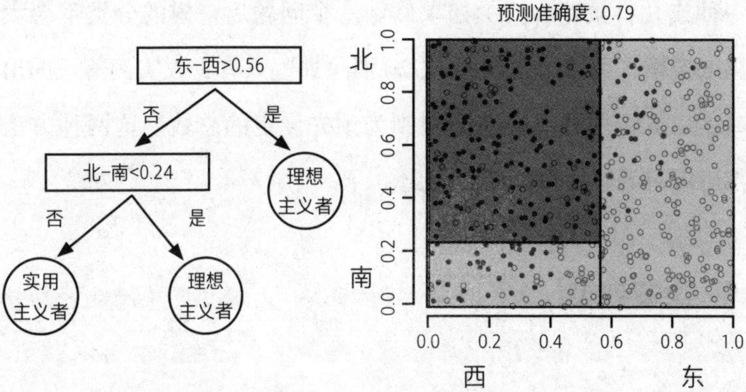

图4.5

预测公民如何投票的快速节俭树。左图为该树，右图描绘了该树在样本外预测中如何对选民分类。简单并不会导致不公正划分选区。

那么 CART 在应用其修剪算法来控制图 4.4 上部的树的复杂度时，它的表现如何呢？它创建了一些树，平均问题个数为 5.7 个，它的拟合准确度达到 0.84，预测准确度达到 0.80，这意味着，它的预测表现与最多问两个问题的快速节俭树一样好。要注意的是，在 250 次复证测试中，CART 剪枝在 63% 的测试中创建了快速节俭树的结构。

总的来说，我们得到的教训是，由于有过度拟合的可能，一个好的拟合可能具有欺骗性。快速节俭树通过给结构施加一个先验的设定来减少过度拟合。机器学习典型的决策树算法以不同的方式进行预测。它们不强加特定的结构，而是使用以下一种或几种策略：（1）如果修剪一个问题后，树的分类不会大幅度变糟，则修剪该问题；（2）消除那些只有少数实例落入的出口；（3）将树的层级总数限制为预先设定的总数。这两种方法都可以有效解决过度拟合问题。

决策列表

决策树研究先驱罗斯·昆兰（Ross Quinlan）在其撰写的那部非常有影响力的著作《C4.5：机器学习的程序》中写道："即使修剪后的树比最初的树更紧凑，它们仍然可能冗长、复杂、令人难以理解。"[45] 随后，他提出了一种方法，这种方法简化了 C4.5 决策树并将其表示为一个决策列表。

这是泰坦尼克号问题的决策列表：

if 乘客在三等舱，then 死亡；

else if 乘客是男性且是成年人，then 死亡；

else 乘客幸存。

决策列表是一系列 if–then–else 规则。[46] 如果某一条件成立，则该规则做出分类，否则下一个规则被激活。在最后一条规则中，它总会做出分类。

你可能已经注意到，快速节俭树也有 if–then–else 规则。不同之处在于，它们在每个规则中只涉及一条线索，而决策列表可能涉及多条线索，如上述示例中的第二个规则（“男性和成年人”）。所有的决策树，包括快速节俭树，都可以表示为一个决策列表。每个决策列表都可以表示为一棵树，尽管不一定是快速节俭树。上述示例中的决策列表不是一个快速节俭树，但它做出的预测与图 4.2 中的两棵树做出的预测相同。

构建决策列表比构建快速节俭树有更多的自由度。它可以把各条线索组合在一个规则中（例如“男性和成年人”），也可以重复使用具有不同阈值的同一线索（例如“20 岁以上”“30 岁以上”），就像在 CART 中一样。这种自由导致了大量可能的决策列表，寻找最合适的决策列表很快就会变得棘手。出于这个原因，分析师们研究出了构建决策列表的方法，例如 RIPPER①。[47]

① RIPPER为Repeated Incremental Pruning to Produce Error Reduction 的缩写，意思是“重复增量剪枝以减少错误”，是顺序覆盖算法的一个变体，它使用一个后期处理阶段（规则剪枝）来优化决策列表（或集合）。——译者注

决策树与决策列表所做的预测，通常没有其他一些机器学习方法（例如随机森林）准确。[48] 然而，一些研究人员还是继续使用决策树和决策列表，因为他们认为这两者是透明的。[49] 尽管这些方法确实比随机森林等机器学习方法更透明，它们通常还是没有快速节俭树透明。决策树和决策列表都可能会变得相当复杂而且难以记忆。

计数法与机器学习

“白宫钥匙”应用了计数法来预测美国的下一任总统。计数法是线性模型的一种特殊情况，其中所有线索都是二元的，权重是 +1 或 −1。如果计数高于阈值，则将该实例分配给目标类别，否则分配给另一个类别。如果线索不是二元的，可以像第三章所讨论的那样，把它们转化成二元线索。例如，我们可以将一个人的年龄转换为二元线索，也就是，18 岁以上的人为 1，否则为 0。

在机器学习中，计数很少见。计数的许多实例发生在医疗决策方面，比如诊断、选择治疗方法和预测死亡率。例如，“TIMI 评分”评估的是不稳定型心绞痛患者的死亡风险。[50] 它包含 7 条线索，这些线索包括患者的年龄是否超过 64 岁以及患者在过去 24 小时内是否有两次以上的严重心绞痛发作。这些线索都是二元的且权重相等，最终得出一个计数，这个计数接着会被转换为一个死亡风险估值。

有一种特殊类型的计数规则使用数字线索，但它不把这些线索作为二元线索，这种规则叫作“单位–权重模型”，其中线索值相加（无加权）得到的是一个分数。“或多或少”（Más-o-Menos）计数法就是一个例子。[51] 在西班牙语中，más-o-menos 的意思是“加或减”和“某某”，前面的意思是如何计数，后面的意思是提醒我们，这个规则目的在于在现实情境中很好地发挥作用，而不是在训练数据中表现“最佳”。

“或多或少”计数法根据染色体的线索预测总体外患者的健康状况。具体来说，任务是要预测膀胱癌、乳腺癌和卵巢癌患者 5 年后是否还会活着。为此，“或多或少”计数法只需要去估算每条线索与生存之间关联的标志，即线索的方向。

有研究将“或多或少”计数法与岭回归和套索回归①进行了比较，这项研究需要大量的计算来计算线索权重，数据来自 27 项医学研究，各项研究的患者人数从 17 到 710 不等，所有研究的患者共有 3833 人，线索数量从 2463 到 9768 不等。这些研究是在不同国家进行的，例如美国、瑞典、德国和以色列。对于每种癌症类型，这三种算法在患者最多的总体上训练，在其他总体上测试。这种总体外预测对现实情境中的分类来说是很恰当的测试案例。

① 套索回归（Least Absolute Shrinkage and Selection Operator, Lasso），又译为“最小绝对值收敛和选择算子”。在统计学和机器学习中，它是一种同时进行特征选择和正则化（数学）的回归分析方法，旨在增强统计模型的预测准确性和可解释性。——译者注

算法表现的衡量标准是，存活时间短于另一名患者的患者获得更高风险评分的概率。值为 0.5 表示的是随机表现；值为 1 表示的是，按生存时间和风险评分对患者的排名是相同的。

表 4.2 显示了对每种癌症类型所做的总体外预测的平均表现和 95% 的置信区间[①]。膀胱癌的预测，“或多或少”计数法表现最好，尽管“或多或少”计数法和岭回归的置信区间重叠。乳腺癌和卵巢癌的预测，岭回归表现最好，尽管 3 个置信区间都重叠。我们可以公平地得出结论，总的说来，计数法与岭回归和套索回归的表现一样好。

表4.2　预测患有膀胱癌、乳腺癌和卵巢癌的患者生存率

	“或多或少”计数法	岭回归	套索回归
膀胱癌	0.71 (0.67—0.74)	0.69 (0.65—0.72)	0.63 (0.58—0.67)
乳腺癌	0.72 (0.69—0.76)	0.78 (0.75—0.81)	0.73 (0.69—0.76)
卵巢癌	0.59 (0.56—0.61)	0.60 (0.58—0.63)	0.57 (0.54—0.59)

“或多或少”计数法、岭回归与套索回归的总体外预测表现，1表示的是完美预测，0.5表示的是随机表现(见正文文本)。95%置信区间在圆括号中表示。

① 置信区间是指由样本统计量所构造的总体参数的估计区间。常用的置信水平是95%。置信水平为95%的意思是多次抽样中有95%的置信区间包含未知的参数值而另外的5%则不包含真值。——译者注

这项研究是一项珍贵的机器学习研究，它从总体外评估预测的准确度。这表明，计数法还可以为构建可解释且准确的机器学习模型提供一条前进的道路。[52]

在现实世界中分类问题上的表现

我们在本书中给出了许多成功的快速节俭树和计数规则的例子。在本节内容中，我们会系统地研究它们在广泛的现实世界分类问题上的表现。

为了评价分类器的表现，我们应用三个标准：透明度、节俭度和预测准确度。让我们回忆一下第一章中透明度的定义：

> 如果一组用户能够理解、记忆、教授和执行某规则，那么该规则对该组用户来说就是透明的。

透明度是一个相对的概念：规则可以对一个专家组而言是透明的，但对其他人是不透明的。简单的启发式支持透明度。相比之下，逻辑回归、岭回归和套索回归对于大多数医生和护理人员来说也远非透明，神经网络的工作原理甚至对其设计者也可能是不透明的。在这项研究中，我们把一个分类器提出的问题数量作为其透明度的代表。

分类规则的节俭度则被定义为一个人在某任务中对实例分类所需要查找的线索数量。如果一条线索被多次使用，则每次都单独计算。节俭度并不等同于线索的数量。举例来说，第一章中的 HIV 筛查树有 3 条线索，然而，它的节俭度只是略大于 1，因为几乎所有人在第一次测试时就从出口退出了。

在第二章中，我们解释了分类的两种错误类型：漏报和误报。在很多预测问题中，其中一种错误要比另一种更有害。而由于我们不知道在现实情境中这些错误的真实重要性，我们将漏报和误报视为同样有害。和第三章一样，我们不使用总分类错误作为表现的衡量标准。这个错误是所有被错误分类的实例所占的比例，如果一个类别比另一个类型要常见得多，则这个错误可能具有欺骗性。

在泰坦尼克号的例子中（图 4.2），2201 名乘客中有 1490 人（占 68%）死亡。如果我们简单地预测每个乘客的死亡，我们不会错过任何一个死亡的人，但最终我们会得到 100% 的误报率。这个程序总的分类错误仅为 32%，也就是幸存者所占的百分比。漏报率和误报率的平均值是一个更好的表现衡量标准，它叫作平衡误差。对每位乘客预测死亡的规则具有 50% 的平衡误差，是 100% 误报率和 0% 漏报率的平均值。平衡误差不会因某一种类别极为常见而受到污染。

在接下来的内容中，在来自各种来源（例如机器学习资源库和教科书等）的大量现实世界的分类问题上，我们测试了快速节俭树、计数法和机器学习算法的相对表现。[53] 我们从两个例子开始阐释。

预测糖尿病

首先，我们的研究对象是亚利桑那州凤凰城（Phoenix, Arizona）附近的768名比马印第安妇女。35岁以上的比马印第安人糖尿病高发，估计约为50%。[54] 分类任务是预测谁将在5年内患上糖尿病。可用线索为年龄、怀孕次数、血浆葡萄糖浓度、血压、胰岛素水平、体质指数、体脂估值和解释亲属中糖尿病诊断结果的遗传风险量值。

为训练快速节俭树和计数法，我们使用第三章中讨论的最佳拟合法。[55] 为支持透明度，我们将计数法和快速节俭树的最大线索数量设置为6。我们将这些启发式与决策树CART、决策列表RIPPER和随机森林进行比较。所有“选手”都在70%的实例上进行训练，并在其余30%的实例上进行了测试。为获得稳定的表现评估值，我们把这个样本外程序重复了100次（总体外测试数据无法获得）。

每个随机样本生成一个略有不同的分类规则。在图4.6中，我们展示了一些从完整数据集中学习的规则。随机森林由500棵大的树组成，其中1棵树如图所示。

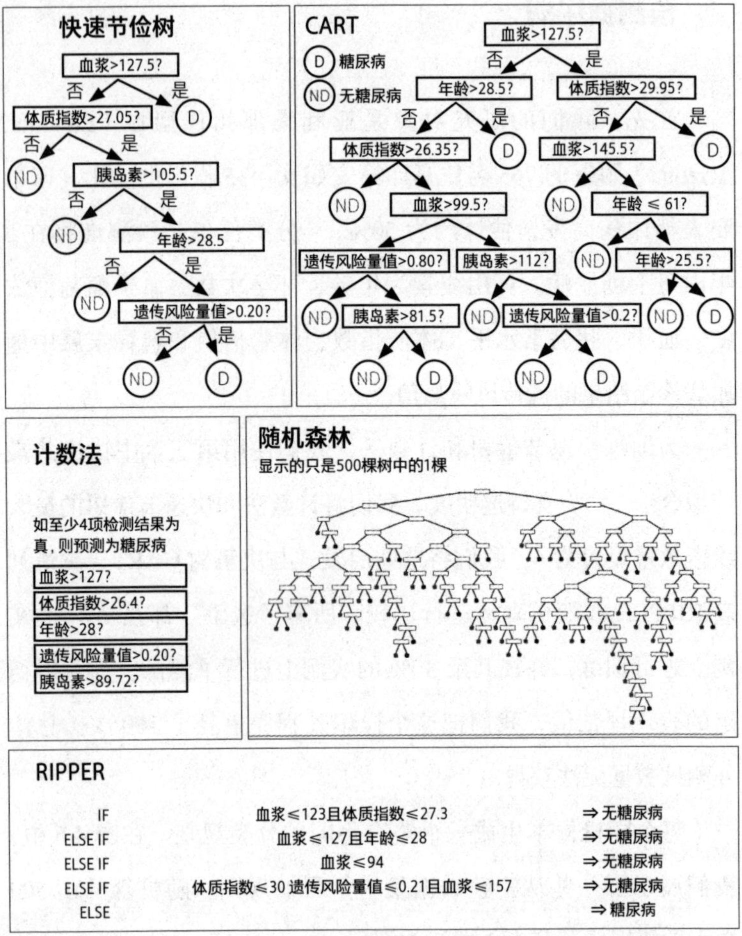

图4.6

预测一位比马印第安妇女是否会在未来5年内患上糖尿病。本图所描绘的算法都是从完整数据集学习的算法。我们不在这里展示一个完整的随机森林，只描绘500棵树中的1棵。

在预测糖尿病时，所有“选手”的平衡误差（误报率和漏报率的均值）都非常相似（表 4.3）。随机森林的误差最低，不过，其他所有的方法也仅仅落后一个或几个百分点。

表4.3　预测1名比马印第安女性是否会在未来5年内患上糖尿病

	快速节俭树	计数	CART	RIPPER	随机森林
平均误差	0.28 （0.003）	0.26 （0.003）	0.26 （0.003）	0.27 （0.002）	0.25 （0.002）
节俭度	2.68 （0.04）	5.65 （0.05）	3.14 （0.07）	4.49 （0.19）	大约 3500
透明度	5.62 （0.05）	5.65 （0.05）	10.60 （0.68）	8.60 （0.52）	大约 45000

我们展示了每个分类器的平均平衡误差、节俭度和透明度。对于每个分类器来说，数字越小越好。对这三种度量标准，我们在括号里给出了标准误差。

平衡误差并不是衡量表现的唯一度量标准。节俭度是每个算法做分类所要查找的平均线索数。快速节俭树是最节俭的法则，紧随其后的是 CART。随机森林是最不节俭的，其节俭度估计是未修剪的 CART 的 500 倍，因为随机森林的树通常不会被修剪。第三个度量标准是分类器问题的总数，我们把这个数字作为透明度的代表。

预测破产

如何预测一家公司是否会破产？我们制定了几个分类规则，用于预测 9792 家波兰公司中有哪些会在两年内破产。[56] 可用线索有 64 条，包括利润占资产的比例、毛利润占净销售额的比率以及公司的周转资金。这些公司有 515 家最终破产。算法与前面的示例相同。

在预测破产时，CART、RIPPER 和随机森林的平衡误差比快速节俭树和计数法的平衡误差低 2 个到 4 个百分点（表 4.4）。RIPPER 略胜于随机森林。CART 和 RIPPER 的准确度表现较好，这是以牺牲节俭度为代价的。快速节俭树平均要查找 3.11 条线索，其节俭度是迄今为止所有算法中最低的，而 RIPPER 和随机森林则处于另一个极端。

表4.4　预测哪些银行会在两年内倒闭

	快速节俭树	计数	CART	RIPPER	随机森林
平均误差	0.27（0.002）	0.27（0.002）	0.25（0.002）	0.23（0.002）	0.24（0.002）
节俭度	3.11（0.05）	5.93（0.03）	5.06（0.08）	27.30（1.54）	大约4000
透明度	5.91（0.03）	5.93（0.03）	28.04（1.16）	85.53（4.25）	大约125000

我们展示了每个分类器的平均平衡误差、节俭度和透明度。

对于每个分类器来说，数字越小越好。对这三种度量标准，我们在括号里给出了标准误差。

我们甚至都没有尝试用与图 4.6 对应的算法来给出一张参考图，原因是，以 CART 为例，每个 CART 平均包含了 28 个问题。快速节俭分类器所问的问题仍然平均少于 6 个，机器学习算法所问的问题则要多得多。

总的情况

这两个案例研究能够代表启发式和机器学习算法的表现之间的对比吗？我们给出了针对 64 个真实世界的数据集（包括前几节中的两个例子）来研究快速节俭树、计数法相对于 CART 的表现，它们包含的实例从 95 个到 32561 个（中位数 904）、线索从 3 个到 1418 个（中位数 19）。这些数据集来自医学、商业、法律和艺术等领域。与这些示例一样，快速节俭树和计数法是使用最佳拟合法训练的，并且仅限于使用最多 6 条线索。

图 4.7 中的每个点显示的是两种算法（CART 和某种启发式）在 64 个预测任务中某一个任务上的平均平衡误差。该平均值的标准误差由十字轴表示。十字轴的垂直轴线显示了 CART 的两个标准误差（在平均值的每一侧），水平轴线显示了启发式的两个标准误差。首先我们来看图 4.7 的左侧部分。如果点落在对角线上，那么快速节俭树和 CART 的平衡误差是相同的；如

果该点在对角线上方，则启发式的预测更准确；如果点低于对角线，则 CART 做出了更好的预测。我们可以看到，在这 64 个任务中，快速节俭树的预测几乎与 CART 一样好，平均仅落后 0.5 个百分点。我们还可以注意到，在平衡误差较小（平衡误差 <0.2）的问题上——也就是简单问题上——CART 小有优势，而当平衡误差较大时——也就是对于更难的问题上，快速节俭树小有优势。当我们在相同的这 64 项任务上将计数法与 CART 进行比较时，结果与此相似（图 4.7 的右侧部分）。[57]

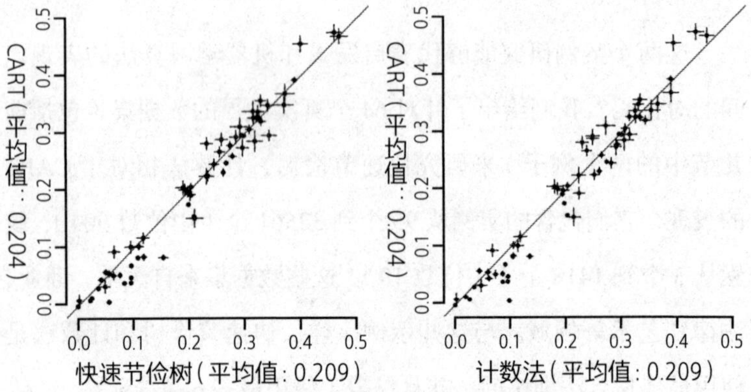

图4.7

快速节俭树、计数法与CART在64个数据集上的比较。每个点表示一个数据集的平均平衡误差。垂直轴线和水平轴线显示了CART和快速节俭分类器的两个标准误差（在平均值的两侧）。

不过，虽然启发式和CART显示出大致相同的预测准确度，但是，它们的透明度和节俭度是不一样的。平均节俭度，即查找线索的平均数量，计数法为5.1，CART为3.8，快速节俭树为2.8。平均透明度以树中问题的平均数来衡量，CART为23.0，快速节俭树为5.3，计数法为5.1。与一般的CART相比，一般的快速节俭树要简单得多，也更为透明。

请注意，这些表现上的细微差异是在样本外预测中衡量的。当这些方法中的任一方法在新的环境中，比如临床诊断、金融或其他环境，该环境是总体外预测时，我们没有证据表明这些细微差异是否可以类推到这些新环境下。不过，我们所知道的是，透明度和节俭度是广泛适用的。

总之，我们将机器学习中最透明的算法之一CART的表现与一些快速节俭分类器的表现进行了比较。在64个测试中，快速节俭树预测的表现与CART一样好，但是它更节俭且透明得多。除了节俭度方面，计数法也获得了相同的比较结果。因此，快速节俭分类器可以显著提高透明度，而准确度几乎没有损失。这一结果证实了“透明满足准确原则”。

启发式与机器学习的连接

快速节俭分类始于研究人类如何做出决策。机器学习始于研究如何改进计算机决策。话虽如此，这两种领域并不背道而驰。正如我们所见，快速节俭树可以由机器学习转化为决策树和决策列表。简单的启发式具有更节俭、更透明的优点，并且它们的准确度能比得上更为复杂的算法甚至超过后者。[58] 在许多情况下，机器学习算法的表现优于启发式，尤其是在稳定的世界中最为可能，例如在国际象棋和围棋等游戏中以及在人脸识别领域。另一方面，在不稳定的世界中，未来不确定，以一种不可预知的方式与过去不同，比如预测流感的传播或谁将成为美国下一任总统，这个时候，简单的启发式可以做得更好。启发式方法可以为构建可解释且准确的机器学习模型提供一个前进的方向。

注　释

1. Simon Denyer, "China's Watchful Eye," *Washington Post*, January 7, 2018; Christina Larson, "China's AI Imperative: The Country's Massive Investments in Artificial Intelligence Are Disrupting the Industry—and Strengthening Control of the Populace," *Science* 359, no. 6376 (2018): 628–630.
2. Florian Schroff, Dmitry Kalenichenko,and James Philbin, "Facenet: A Unified Embedding for Face Recognition and Clustering," in *Proceedings of the IEEE Conference on Computer Vision and Pattern Recognition*, 2015, 815–823.
3. Neeraj Kumar et al., "Attribute and Simile Classifiers for Face Verification," in *2009 IEEE 12th International Conference on Computer Vision*, 2009, 365–372. 这项实验所展示的所有配对照片

中，有50%的同组照片显示的是同一个人，另外50%的同组照片显示的是不同的人。

4. 请注意，误报率并不是2297/2470。误报率等于被错误识别的球迷比上那些并非罪犯的所有球迷。为了计算误报率，我们需要知道有多少球迷不是罪犯。如果我们假定面部识别系统是绝对灵敏的且不会漏掉任何罪犯，那么，非罪犯的数量就是170000－2470+2297=169827。误报率就是2297/169827=0.014或1.4个百分点。

5. Gary Marcus and Ernest Davis, "How to Build Artificial Intelligence We Can Trust," *New York Times International Edition*, September 11, 2019.

6. Jennifer Lynch, *Face Off: Law Enforcement Use of Face Recognition Technology*, Electronic Frontier Foundation, February 12, 2018, https://www.eff.org/wp/face-off.

7. Federal Bureau of Investigation, *FBI Criminal Justice Information Services 2016 Annual Report*, 2016.

8. Andre Esteva et al., "Dermatologist-Level Classification of Skin Cancer with Deep Neural Networks," *Nature* 542, no. 7639 (2017): 115.

9. 一个难点在于，图像可以通过使用各种技术手段生成，比如，不同的医学设备或智能手机，这会导致同一个痣对应着不同的图像。在这样的情况下，根据所采用的技术不同，采用一个固定的分类规则会导致对同一个痣产生不同的决策。

10. US Preventive Services Task Force, "Screening for Skin Cancer: US Preventive Services Task Force Recommendation Statement," *Annals of Internal Medicine* 150, no. 3 (2009): 429.

11. Gilbert H.Welch, Steven Woloshin, and Lisa M. Schwartz, "Skin Biopsy Rates and Incidence of Melanoma: Population-Based Ecological

Study," *British Medical Journal* 331, no. 7515 (2005): 481.

12. Vinay Prasad, Jeanne Lenzer, and David H. Newman, "Why Cancer Screening Has Never Been Shown to 'Save Lives'—and What We Can Do about It," *British Medical Journal* 352 (2016): h6080.
13. David Silver et al., "Mastering the Game of Go without Human Knowledge," *Nature* 550, no. 7676 (2017): 354–359.
14. David Silver et al., "A General Reinforcement Learning Algorithm That Masters Chess, Shogi, and Go through Self-Play," *Science* 362, no. 6419 (2018): 1140–1144.
15. World Health Organization, *Influenza Fact Sheet*, 2018, http://www.who.int/en /news-room/fact-sheets/detail/influenza-(seasonal).
16. Neil M. Ferguson et al., "Strategies for Containing an Emerging Influenza Pandemic in Southeast Asia," *Nature* 437, no. 7056 (2005): 209–214.
17. Jeremy Ginsberg et al., "Detecting Influenza Epidemics Using Search Engine Query Data," *Nature* 457, no. 7232 (2009): 1012– 1014.
18. Donald R. Olson et al., "Reassessing Google Flu Trends Data for Detection of Seasonal and Pandemic Influenza: A Comparative Epidemiological Study at Three Geographic Scales," *PLOS Computational Biology* 9, no. 10 (2013): e1003256.
19. 事实上，修订后的谷歌流感趋势报告并没有给出精确的线索数量，而是说大约有160个线索。
20. Samantha Cook et al., "Assessing Google Flu Trends Performance in the United States during the 2009 Influenza Virus A (H1N1) Pandemic," *PloS One* 6, no. 8 (2011): e23610.
21. David Lazer et al., "The Parable of Google Flu: Traps in Big Data Analysis," *Science* 343, no. 6176 (2014): 1203–1205.

22. Centers for Disease Control and Prevention, *2009 H1N1 Early Outbreak and Disease Characteristics, 2009,* https://www.cdc.gov/h1n1flu/surveillanceqa.htm.

23. Lazer et al., "The Parable of Google Flu."

24. Ginsberg et al., "Detecting Influenza Epidemics."

25. trends.google.com网站上展示了谷歌用户跨时间搜索任一词条的频率。

26. Thomas Brown, *Lectures on the Philosophy of the Human Mind* (London: William Tait, 1838).

27. John R. Anderson and Lael J. Schooler, "Reflections of the Environment in Memory," *Psychological Science* 2, no. 6 (1991): 396–408.

28. CDC FluView Interactive, "National, Regional, and State Level Outpatient Illness and Viral Surveillance," https://gis.cdc.gov/grasp/fluview /fluportaldashboard.html.访问于2019年11月。

29. Lazer et al., "The Parable of Google Flu." 作者没有在主体部分而是在附录中对回归进行了讨论。其他几种模型比谷歌流感趋势更准确。某混合线性模型将过往就诊情况和谷歌流感趋势融合，其表现是最好的，平均绝对误差为0.23个百分点。不过，虽然这个模型的表现不错，但是，它首先还是需要谷歌流感趋势的。

30. 大数据分析、简单规则以及它们的混合模型在样本外和总体外预测上的表现之间的对比，请参见 Sharad Goel et al., "Predicting Consumer Behavior with Web Search," *Proceedings of the National Academy of Sciences* 107, no. 41 (2010): 17486–17490。

31. Gerd Gigerenzer, *Calculated Risk: How to Know When Numbers Deceive You* (New York: Simon and Schuster, 2002).

32. William C. Thompson, Franco Taroni, and Colin G. G. Aitken,

"How the Probability of a False Positive Affects the Value of DNA Evidence," *Journal of Forensic Science* 48, no. 1 (2003): 1–8.

33. Lauren Kirchner, "Traces of Crime: How New York's DNA Techniques Became Tainted," *New York Times*, September 4, 2017.
34. Lauren Kirchner, "Where Traditional DNA Testing Fails, Algorithms Take Over," *ProPublica*, November 4, 2016.
35. Article 15, EU GDPR, "Right of Access by the Data Subject," http://www.privacy -regulation.eu/en/article-15-right-of-access-by-the-data-subject-GDPR.htm.
36. 华盛顿大学机器学习教授佩德罗·多明戈斯(Pedro Domingos)在推特上发文称,"自5月25日起,欧盟将要求所有算法解释它们的输出原理,这意味着深度学习成为非法的方式"。
37. German Advisory Council for Consumer Affairs, *Consumer- Friendly Scoring*, 2019.有人提出建议,认为所有线索都应向公众披露(包括本书作者之一格尔德·吉仁泽也这样认为),这种提议是少数派提议,委员会的其他成员则更希望只披露其中部分线索。
38. Cynthia Rudin and Joanna Radin, "Why Are We Using Black Box Models in AI When We Don't Need To? A Lesson from an Explainable AI Competition," *Harvard Data Science Review* 1, no. 2 (2019).
39. Stefan Lessmann et al., "Benchmarking State-of-the-Art Classification Algorithms for Credit Scoring: An Update of Research," *European Journal of Operational Research* 247, no. 1 (2015): 124–136.
40. 乘客和幸存者的具体人数未知。我们采用的数据集来自Robert J. MacG. Dawson, "The 'Unusual Episode' Data Revisited," *Journal of Statistics Education* 3, no. 3 (1995)。该数据集含有2201位乘客的数据,这些乘客中,711位乘客幸存,占32%,1490位乘客丧生,占68%。

41. Leo Breiman et al., *Classification and Regression Trees* (Boca Raton, FL: CRC Press, 1984).
42. James N. Morgan and John A. Sonquist, "Problems in the Analysis of Survey Data, and a Proposal," *Journal of the American Statistical Association* 58, no. 302 (1963): 415–434.
43. 除了基尼不纯度，我们还可以用其他度量来构建快速节俭树，比如阳性预测值、阴性预测值，或此处使用的最佳拟合法（见第三章）。
44. 为了获得对预测表现的稳定评估，我们做了重复实验，随机抽取500位选民做训练，测试了250次，并给出了平均分类准确度。
45. J. Ross Quinlan, *C4.5: Programs for Machine Learning* (Amsterdam, Netherlands: Elsevier, 1993).
46. Ronald L. Rivest, "Learning Decision Lists," *Machine Learning* 2, no. 3 (1987): 229–246.
47. William W. Cohen, "Fast Effective Rule Induction," in *Proceedings of the Twelfth International Conference on Machine Learning* (New York: ACM, 1995), 115–123. RIPPER方法按如下步骤进行。第一步，生成一个规则，该规则符合训练数据集，准确度达到100%或尽量靠近这个数字。达到这个准确度，是通过循序地向规则中添加线索以及评估准确度而达到的。请注意，该规则不必对所有实例准确，而是只对那些适用规则的实例准确。添加线索会减少适用规则的实例数量，这会导致过度拟合。第二步，规则剪枝。这个步骤要在一个校验数据集的帮助下进行。规则中的线索将以与它们在第一步中添加进来的顺序相反的顺序临时被移出。（比如，最后添加进来的线索最早移出。）这个过程的每一阶段，准确度都是按照（r-w）/（r+w）的比率进行评估的，其中r表示校验数据集中该规则正确分类的数量，w表示不正确分类的数量。那些对应着最大准确度阶段的线索被保留。RIPPER以及其他决策列表构建算法中也会用到更多成熟的剪枝方法，包括贝叶斯方法。

48. Manuel Fernández-Delgado et al., "Do We Need Hundreds of Classifiers to Solve Real World Classification Problems?" *Journal of Machine Learning Research* 15, no. 1(2014): 3133–3181.
49. Benjamin Letham et al., "Interpretable Classifiers Using Rules and Bayesian Analysis: Building a Better Stroke Prediction Model," *Annals of Applied Statistics* 9, no. 3 (2015): 1350–1371.
50. Elliott M. Antman et al., "The TIMI Risk Score for Unstable Angina / Non-ST Elevation MI: A Method for Prognostication and Therapeutic Decision Making," *Journal of the American Medical Association* 284, no. 7 (2000): 835–842.
51. Sihai Dave Zhao et al., "Más-o-Menos: A Simple Sign Averaging Method for Discrimination in Genomic Data Analysis," *Bioinformatics* 30, no. 21 (2014): 3062–3069.
52. Yann Chevaleyre, Frédéric Koriche, and Jean-Daniel Zucker, "Rounding Methods for Discrete Linear Classification," in *Proceedings of the 30th International Conference on International Conference on Machine Learning* (Atlanta: JMLR.org, 2013), 651–659.
53. Marcus Buckmann and Özgür Şimşek, *Learning Interpretable Models* (Berlin: Working Paper, 2019).
54. Jack W. Smith et al., "Using the ADAP Learning Algorithm to Forecast the Onset of Diabetes Mellitus," in *Proceedings of the Annual Symposium on Computer Application in Medical Care* (American Medical Informatics Association, 1988), 261.
55. 应用最佳拟合法从计算方面上讲可能是非常费时费力的，尤其是在有着很多数值线索的数据集中。我们采用交叉熵方法来做粗略估算，请参见Reuven Rubinstein, "The Cross-Entropy Method for Combinatorial and Continuous Optimization," *Methodology and Computing in Applied Probability* 1, no. 2 (1999): 127–190。这个方法并不能保证找到最适合的快速节俭树，但它通常产生准确度高的快速节俭树。

56. Maciej Zieba, Sebastian K. Tomczak, and Jakub M. Tomczak, "Ensemble Boosted Trees with Synthetic Features Generation in Application to Bankruptcy Prediction," *Expert Systems with Applications* 58 (2016): 93– 101.

57. 不同于CART，随机森林在逻辑上高度不透明，容易让从业者感到困惑。尽管如此，我们还是计算了随机森林相对于CART的预测优势。一方面，对于相同的64个任务，随机森林的预测平均要优于启发式，它们的平衡误差要低3.3个百分点。另一方面，在其中13项任务中，计数法或快速节俭树与随机森林的预测表现一样好或是优于后者。随机森林的节俭度一如往常地比快速节俭分类器差了好几个数量级。

58. Rudin and Radin, "Why Are We Using Black Box Models."

第五章

认知心理学领域中的分类

CLASSIFICATION IN COGNITIVE PSYCHOLOGY

> 如果没有概念，精神生活将一片混乱。
>
> ——爱德华·L. 史密斯与道格拉斯·L. 梅丁

当小孩子在餐盘上把豌豆和胡萝卜分开的时候，他们就是在分类。当幼儿指着狗说“狗狗”，指着猫说“猫咪”的时候，他们是在对动物进行分类。分类是一种基础能力，它让人具有更高层次的认知能力，如抽象、思维和决策等。但是，还在蹒跚学步的幼儿是怎么知道某个动物是狗而不是猫呢？孩子们使用的是什么线索？他们是依靠眼睛形状、头部轮廓还是身体的其他部分来判断的吗？研究表明，3 个月大的婴儿对狗和猫的反应已经有所不同，他们依靠面部特征以及头部轮廓进行判断，身体特征似乎没有多大作用。[1] 然而，研究人员并不能精确地知道是脸部和头部的哪些特征发挥着线索的作用以及它们如何被整合到一个分类规则中。

在心理学中，分类多被称为范畴化（categorization）。许多心理学研究探讨了儿童和成人如何**形成**不同的类别，如有生命的与无生命的，这些类别与语言有何关系，以及人们是否更喜欢在发育早期出现的“基本”分类，例如**狗**而不是**罗威纳犬**和**动物**。[2] 正如我们在第一章中所解释的，抛开类别本身是如何形成的这个问题，这不是本书的主题，我们这一章研究的是人们如何将对象分配给**现有的**类别。孩子学习如何分类的方式与机器学习算法大不相同。机器可能需要数以千计的范例才能可靠地将若干动物分至不同类别，而一个孩子可能只需看到几个范例就可以做到。[3]

人类使用的线索和分类规则大多是无意识的，因此对孩子或成人进行访谈以发掘这些规则本身并不能为我们提供一套满足我们所需的方法论。人们凭直觉知道一个对象属于哪个类别，但他们并不总是能清楚地表达他们是**如何**知道的。识别人脸也是一样具有直觉的特征。人类擅长识别面部，但当一个人被问到他是如何识别面部时，许多人又无法回忆起他识别出的那个人的眼睛颜色或鼻子形状。出于这个原因，认知心理学家依靠对行为的观察和实验来解开分类的本质。

什么是认知心理学

第四章的主题机器学习是一项规范性的事业。它发展出了决策树和随机森林等工具，应该用这些工具进行准确的分类。相比之下，认知心理学主要是一门描述性科学，其目标是去发现那些支撑人类感知、分类、记忆和推理的过程。这两个学科可以相互影响：研究人类所使用的将对象分配给某一类别的线索，可以为设计稳健的算法提供灵感。反过来，用于评估模型预测准确性的统计方法，例如**交叉验证**（即用于评估样本外预测准确性的一系列抽样方法），可用于测试有关人们如何分类的理论，例如快速节俭树。

认知一词是指将感觉输入转化为行为的心理过程。这些过程包括分类，并牵涉到存储、恢复以及整合信息。自19世纪实验心理学开端以来，人们一直在研究认知过程，20世纪上半叶，对认知过程的研究在美国短暂中断，那一时期，行为主义盛行。行为主义研究的是感觉输入和输出之间的关系，例如习惯和技能的学习，而不是研究认知过程的"黑匣子"。它禁止诸如**意识**和**思想**之类的心理术语或任何其他无法直接观察到的东西。20世纪60年代的"认知革命"最终推翻了行为主义，重新确立了对心理概念的研究。

这场革命改变了认知过程本质的意义。受到20世纪50年代和60年代开始出现于心理实验室的新的统计方法和计算机的启发，一种将认知描绘为计算（包括统计计算）的新语言出现了。令人惊讶的是，在认知革命之前，认知过程理论中几乎没有出现过计算和统计推断等概念。[4]认知和计算之间的类比改变了心理学家对认知本质的看法，也改变了他们提出的问题，最终形成了新的对分类本质的理解。这里有一个实例说明。

认知作为直觉统计

设想这样一个实验：快速连续播放两个音调，询问听众这两个音的音调是否不同。如果音调之间的差异小于 1 赫兹（或正弦波 3 赫兹），那么人们往往会认为这两个音调相同，否则为不同。自 19 世纪以来，心理学家就用“差别阈值”来解释这一现象，也就是说，两种刺激物之间的差异要大于“最小可觉察误差（just noticeable difference，JND）”。有人认为这些最小可觉察误差构成了思想的元素，心理学家爱德华·蒂奇纳（Edward Titchener）统计了大约 4.4 万个这样的误差。[5]然而，随着认知革命而来的是，心理学家开始以一种完全不同的方式解释同一现象：大脑就像统计学家一样，它会推断这两种音调是否相同。具体来说，根据信号检测理论（参见第三章），大脑会计算两个样本分布 H_0 和 H_1，以及一个决策标准。[6] H_0 和 H_1 代表着两个假设，例如相等或不同、信号或噪音、疾病或没有疾病。这里的假设是，大脑设置了一个决策标准来平衡误报（例如，将两个相同的音调误认为不同）和漏报（例如，将两个不同的音调误认为相同）两种可能错误的成本。最后，根据感觉输入（音调）落在标准的哪一侧，决定将其分类为相同还是不同。

在信号检测理论中，将两个刺激物分类为相同或不同的问题被视为统计决策问题。信号检测理论的灵感来自内曼（Neyman）和皮尔森（Pearson）的统计决策理论，在形式上与它相同。[7]信号检测理论不仅提供了一种新的方法来思考“黑匣子”内部发生的事情，而且提出了新的研究问题，这些问题是以前从未有人问过的。例如，大脑如何设定决策标准以及哪些因素会影响两种可能的错误之间的权衡。

如前所述，在20世纪50年代之前，心理学几乎不存在将认知作为直觉统计的概念。只有在统计推断在教科书和课程中制度化，成为开始于那10年的科学方法的必要条件之后，得益于计算机的普及，这种认识才开始出现。这种在新的科学工具发展中的理论起源，是一个更普遍的科学发现原则的例子，这个原则叫作“从**工具到理论**的启发式”[8]。总之，认知革命不仅仅是对精神的复兴和对行为主义的推翻，事实上，它也改变了精神的意义，这才是真正“革命”的地方。

正如我们将看到的，作为直觉统计学家的大脑思维程序对心理学关于分类的研究产生了很大的影响。

研究分类的两种文化

在认知革命的早期阶段，实验人员设计一些人造物体来研究分类，例如三角形、圆形，或面部和平面的线条图，这些面部和平面的属性在两到四个方面有所不同。[9]类别是由必要且充分条件定义的，例如小的、白色的、圆形的几何对象。在埃贡·布伦斯维克（Egon Brunswik）概率观点的影响下，特征和类别之间的逻辑关系被扩展为概率关系，例如特征“白色”表示占实例总体90%的类别，而不是100%。[10]然而，与布伦斯维克生态程序不同——它研究的是自然环境中线索和类别之间的相互关系，现在，对象、类别和概率通常是由实验者决定。从20世纪70年代和80年代开始，研究人员提出了复杂的统计模型来描述人类如何进行分类，他们在实验中使用了类似的人造物体和类别。我们将这种由实验者设计人造物体和分类规则的文化称为**实验室**分类（见第一章）。

与实验室文化中的类别相反，大多数（如果不是全部）“自然”的类别都无法在逻辑上进行定义，正如心理学家埃莉诺·罗施（Eleanor Rosch）所强调的那样。这里的“自然”意味着这些类别是人类自然体验的一部分，例如狗、树、朋友和敌人。[11]与人工类别不同，自然类别往往具有不明确的边界。此外，尽管自然类别的各个类别有原型，但是它们并不具有同等的代表性，或者准确地说，这些类别或多或少是“具有典型性的”。学龄前儿童可以把麻雀识别为鸟，但是把鸵鸟或企鹅识别为鸟就没有那么容易。[12]同样地，成年人可能会认为德国牧羊犬是比刚毛腊肠犬更具有典型性的狗，尽管很难从逻辑上定义什么是狗，毕竟无论是三只脚的狗还是没有毛的狗，终究还是狗。自然类别对由逻辑或概率规则定义的人工类别的研究提出了挑战：人们无法得知人类所依赖的对人工对象进行分类的过程是否与他们用于对自然对象进行分类的过程相似。

另一种文化是直接研究人们如何对自然物体而不是人造物体进行分类。我们将这种文化称为对现实情境中的分类的心理学研究。它起源于罗施的研究，也起源于赫伯特·西蒙关于有限理性的著作。[13] 西蒙认为，在不确定性的情境下，正如第一章所讨论的，不确定性是现实情境的一个最典型的特征，人们必须**满足**而不是优化。满足意味着在无法知道最佳解决方案时找到一个好的解决方案。在这些情况下，人们依赖快速节俭启发式和其他一些心理工具。这与实验室文化之间的重要区别在于，实验者不会从一个已知的基于人造物体定义的分类规则开始研究。相反，我们的目标是，发现人们在现实情境中分类时实际使用的规则，这个规则可能是计数法、快速节俭树或其他方法。

自适应工具箱的概念类似于一个客观存在的工具箱，多个分类规则存在其中，人们需要特定的工具来解决不同的任务，例如用锤子将钉子钉在板上。[14] 它被称为“自适应”以强调功能，这有助于我们理解认知，记住大脑的进化是为了解决生存和繁殖问题。这个概念应用于分类时，要求规则既快速又节俭，也就是说，在有限的信息下快速运转，而不是依赖于详尽全面的信息搜索和耗时且难驾驭的算法。

例如，要在距离相当的情况下区分敌我，人脸识别应该在即使视觉图像还是模糊的情况下，也能发挥作用。然而，人类需要近距离以及适当的光线来检查面部的眼睛、鼻子、嘴巴和其他的面部特征。与之相应地，研究表明，人类依赖于在远处更容易识别的头部外围形状，以及这种形状与面部特征内部的关系。[15] 在距离相当的情况下，分类也需要对劣化和不完整信息的容差。高度劣化的图片，例如像素数为 19 × 25 的阿尔伯特·爱因斯坦（Albert Einstein）的照片在特写的距离将无法识别，但可以在距离相当的情况下可靠地识别。[16]

我们已经对心理学有关分类的研究的两种文化进行了区分。在实验室分类中，实验者设计人造物体和分类规则，然后使用这个框架来研究人们的行为。在现实情境中的分类中，研究人员选择的是自然物体，对于这些自然物体，分类规则未知，然后研究人们如何将这些物体分配到自然类别中。

现实情境中的分类

心理学对启发式的研究可以追溯到 20 世纪上半叶的格式塔心理学家①。他们考虑的启发式是通用的、非正式的启发式，例如通过“环顾四周”进行信息搜索。直到认知革命之后，数学心理学家阿莫斯·特沃斯基（Amos Tversky）才引入正式的启发式模型。在接下来的若干年里，大量研究表明人们使用启发式方法来做决策，例如购买什么，在哪里投资等。[17]同样地，行为生物学家研究了动物选择巢穴、觅食地和伴侣的经验法则。[18]然而，在心理学对分类的研究中，启发式模型是相当新的东西。

通过计数和排序分类

启发式建立在核心认知能力基础上，这些能力包括排序和

① 格式塔心理学，又叫完形心理学，是西方现代心理学的主要学派之一。该学派主张研究直接经验（即意识）和行为。——译者注

计数。计数是儿童在生命早期发展的一种能力。它需要为集合中的每个对象分配一个数字项的有序序列，例如 1、2、3。它以一致性原则（对象和数字项一对一映射）和连续性原则为基础。[19]到孩子两岁时，大多数孩子已经形成了稳定的计数顺序，但是还需要 1 年左右的时间才能意识到这个集合的基数就是最终计数。把 1 张有 3 只鸟的图片给年幼的孩子看，他们可能会数出"1、2、3"，但是他们不明白最终计数代表的是鸟的总数。计数也是最初的文明人类用来表示数字的原则：手指或棍子上刻痕的总数，或者用埃及象形文字符号"IIII"来表示"4"。[20]

计数启发式基于数数，它将所有线索视为同等重要的。在线索的重要性不同的情况下，排序可以代替数数。一个特别有用的原则是嵌入在快速节俭树中的词典编纂式的排序（正如我们在第三章中看到的）。正如那一章里所解释的，这个过程之所以被命名为"词典编纂式"，是因为人们在词典中查找一个单词时，从它的第一个字母开始，然后是第二个，依此类推。数学中最重要的发明之一是被称为阿拉伯数字系统的词典编纂式数字系统，它是公元 1 世纪由印度的数学家发明的。与早期的数字系统（包括罗马版本）不同，这个位置系统具有严格的顺序，以 0 作为占位符。要找出两个数字中哪个较大，可以查看它们的第一个数位，如果第一个数位不同，数位值较大的则是较大的数字，不需要检查其他数位。如果第一个数字相同，则继续对照第二个数位，依此类推。快速节俭树实施了这样的原则。

正如我们将在第六章中看到的，字典编纂式排序也可以提高安全性。设想一下有关交通优先权的交通规则。各条线索以一个固定的顺序设置：第一，警察管制交通的手势；第二，交通灯的颜色；第三，交通标志；第四，另一辆车驶来的方向（左或右）。第一条线索支配第二条线索，依此类推。没有任何线索受到加权或整合，这将不可避免地导致混乱。

心理学对计数法的研究

心理学对计数法最早的一些应用是在智力测验中使用计数法。这里的问题在于，对于一个智力测验中许多问题的答案，心理学家要决定如何对它们进行加权。通常的做法是，对它们进行平均加权并计算正确答案的数量即可。

在不确定情况下稀缺资源的分配中，我们也可以发现计数规则的应用。例如，一些研究报告称，在选择商业计划书或预测某项风险投资是否会在财务上取得成功时，风险资本家们依赖于计数法。[21] 这种将资金平均分配给 N 个资产的方法是大家熟悉的一种投资启发式：

1/N 启发式：将资金平均投资给 N 个资产。

尽管这种启发式经常被人嘲笑幼稚，这种简单计数法启发式的表现，与获得诺贝尔奖的均值-方差投资组合以及其他一些花哨的投资策略的表现一样好或者更好。[22] 许多父母依靠 1/N 启发式来分配他们的时间、关注度等稀缺资源，其中N是这个家庭中孩子的数量。在有两个孩子的家庭中，1/N启发式实现了它的目的，不过也导致了一个矛盾的结果——在有三个或更多孩子的家庭中，中间的孩子在青少年时期从父母那里分得的总时长，相比他们最年长和最小的兄弟姐妹来说要更少一些。[23] 平等分权同样是民主投票制度的一项原则，每张选票都具有相同的权重。这也是"群体智慧"的一部分内容，所有人判断的（未加权）平均值可以产生卓越的预测。这个想法的经典论证可以追溯到查尔斯·达尔文（Charles Darwin）的表弟弗朗西斯·高尔顿（Francis Galton），他惊讶地发现，人们对县里集市上的一头公牛的重量进行估算而得出的平均值，非常接近公牛的真实重量。

计数法在社交场合也发挥作用，在社交场合中，人们需要判断如何对他人的行为做出反应。在一项关于宽恕的研究中，研究人员要求参与者回忆一件朋友、恋人或同事曾经让他们感到冤枉、失望、背叛或伤害的事件。[24] 研究发起人发现，下面这个启发式预测出了（不仅适合）大约70%的是否原谅过错者的决策：

宽恕启发式：除非过错者有意伤害、对事情负有责任且没有真诚道歉，否则宽恕。

人们使用这种启发式依赖于三个问题：是否有意伤害？是否负有责任？是否拒绝真诚道歉？只有当全部的三个答案都是

“是”时，才不宽恕过错者。换句话说，如果计数得到的是三个肯定答案，则不宽恕；否则，宽恕。

就像第一章的保释 / 监禁树一样，宽恕启发式可以以计数法和快速节俭树表示。快速节俭树包括三个问题，如果答案是“否”，则前两个问题仅有“宽恕”出口，最后一个问题既有“宽恕”出口，又有“不宽恕”出口。如第三章所述，如果除了最后一条线索的出口之外，所有出口都指向相同的分类类别，那么快速节俭树可以以计数法来表示。在这样的情况下，线索顺序对采取的行动不重要，它只与查找线索的过程有关，这可能与速度和节俭度紧密相关。

然而，与回归权重的估算相比，基于简单计数的预测有多准确呢？心理学家罗宾·道斯（Robin Dawes）所做的研究是对这个问题最早的研究之一。[25] 他调查研究了教师对研究生表现的评分（“优秀”“非常好”等）是否可以从学生的 GRE 分数、GPA 以及学生所在本科院校的一个选拔衡量指标中预测。线性多元回归使用了交叉验证，实现了 0.38 的相关性。然而，当道斯用随机权重（0 到 1 之间的数字）替换“最佳”回归权重时，相关性增加到了 0.48。对于其他预测问题，他发现了类似的结果并得出结论：“关键在于，知道要查看哪些变量，然后知道如何添加变量。”[26] 为了进一步简化程序，希勒尔·艾因霍恩（Hillel Einhorn）和罗宾·霍格思（Robin Hogarth）等研究人员使用单位权重（即计数法，所有权重都等于 1）替换了随机权重，他们发现了类似的结果。[27] 他们认为，应该始终测试回归模型相较于计数法的表现，并且要为了预测而测试，而不是为了数据拟合而测试。然而，单纯的数据拟合当时在心理学是常态，就像《美国统计协会会刊》（*Journal of the American Statistical Association*）中提到的那样。[28]

道斯为随机权重提供了正确的标志。让·切尔林斯基（Jean Czerlinski）及其同事继续说明，即使当计数法（权重相同）必须从学习样本中估算那些标志——第二章和第三章称为线索方向，其预测准确度（交叉验证）平均要比 20 项研究中的线性多元回归略好（图 5.1）。[29] 更好的是与快速节俭树（“采取最佳”）类似的词典启发式的预测准确度，[30] 这在图 5.1 也表示了出来。从拟合和预测之间的下降趋势，我们可以推断出所有这 3 种策略中的过度拟合量。当线索的标志估算有误差时，计数法会过度拟合。

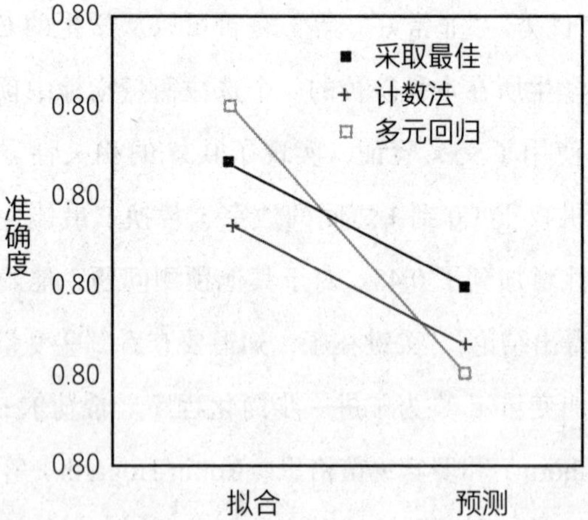

图5.1

少即是多：从经济学、商学、生物学和其他领域中提取的20个现实世界的任务中，计数法与“采取最佳”(类似于快速节俭树的一种字典编撰式启发式)的拟合和样本外预测准确度。图中也展示了普通线性多元回归的准确度作为基准。详情参阅正文。

在人们发现计数法有预测能力的 30 多年后，霍格思回顾了文献资料，以了解这一成果多大程度上走进了心理学和经济学。[31] 对计量经济学 5 本标准教科书的分析显示，这些书中并没有提及计数法及其表现。但是，一些强调使用相等权重的心理测量教科书是重要的例外。霍格思得出总结，认为计数法的预测能力在心理学中并未完全被忽视，但人们对它的理解是不充分的，并且对于人们广泛应用回归分析对人类行为建模的现象，计数法几乎没有产生影响。在他看来，研究人员很难接受简单的启发式可以解决复杂的问题，尽管如此，这种洞察最终还是有希望能在意见自由市场中生存下来。

在做医疗诊断和选择治疗方案时，计数法似乎使用得相对更频繁。除了我们在第四章中讨论的“或多或少”计数法之外，还有其他一些例子，包括：化脓性关节炎的 Kocher 标准 [32]，它评估了髋部发炎儿童患化脓性关节炎的风险；TIMI 评分 [33]，用于评估不稳定型心绞痛患者的死亡风险；Quick SOFA 评分 [34]，可预测疑似感染患者的死亡率；HAS-BLED 评分 [35]，用于评估服用抗凝药物的患者发生大出血的风险；AWOL 评分 [36]，可预测住院期谵妄①的风险；以及CURB-65评分[37]，估算社区获得性肺炎患者的死亡率。

总而言之，计数法在心理学中仍然是一个很大程度上未开发的方法，在机器学习领域亦是如此。计数法对分类有着潜在的用途，这些用途几乎没有得到探讨。

心理学对快速节检树的研究

快速节俭树属于这样一类启发式：它们以某种顺序搜索各条线索，并在某一线索允许做出决策时停止搜索。如前所述，它们属于一个更大的类别——词典编纂式启发式，人们主要在分类的范畴之外研究这些启发式，例如在两个或多个备选方案之间进行选择（如图5.1所示）。“采取最佳”和阿莫斯·特沃斯基（Amos Tversky）的**“逐项排除规则”**也是这样的例子。[38]

关于逐项排除规则的实证研究很少，但“采取最佳”已经在大量实验中得到了验证。总的结论是，在生态理性的条件下，“采取最佳”可以预测很大一部分人的选择、反应时间和其他行为。[39]同时，启发式显示出卓越的预测准确度（图5.1）。这样的结果已经得到了复制和延展应用。[40]事实证明，简单启发式既可以是描述性的又可以高度准确，这与大家普遍认为人类使用启发式会产生问题甚至不理性的观点相矛盾。[41]在现实情境中，简单确实可以效果更好。[42]

---

① 指患者精神错乱、发狂、胡言乱语的状态。——编者注

心理学对分类的研究最近才开始探讨快速节俭树。鉴于这个领域的从业者们长期以来一直在使用快速节俭树（第一章），这种疏漏令人惊讶。我们所了解的第一项研究评估是，医护人员把有严重胸痛的患者分配到了重症监护室还是普通病床（第二章）。进行这项研究的医生从本书作者之一格尔德·吉仁泽关于采取最佳方案的演讲中获得启发，他们将启发式应用于患者的分类。自从那时起，几项研究就记录并测试了快速节俭树在医疗卫生领域中的使用情况，同时还研究了医生实际如何分类以及医生应该如何分类的课题。

使用快速节俭树的医学研究包括一些描述性研究：研究全科医生如何决定是否给患者开抗抑郁药，[43] 如何决定是否开降脂药物，[44] 以及如何诊断高脂血症和心力衰竭。[45] 还有一项规范性研究设计了一些快速节俭树，用于将社区获得性肺炎儿童分类为需要或不需要大环内酯处方，[46] 以抵消许多儿童对大环内酯产生抗药性这种不良情况。其他还有一些规范性研究，针对检测抑郁症，[47] 使用他汀类药物对心血管疾病进行一级预防，[48] 区分无症状性菌尿与导管伴随性尿路感染，[49] 以及指导从业者完成痴呆患者的临终关怀决策，[50] 它们设计并测试了一些快速节俭树。研究人员使用信息技术和基因型数据库，已经开发出了一套一般性的快速节俭树方法来转换药物基因组学数据，以帮助选择药物，从而支持个性化医疗。[51]

临床领域之外也进行了一些实证研究。有一项关于人事决策的研究得出的结论是，超过三分之二的有经验的管理者依靠快速节俭树来决定哪些员工可以获得奖金、哪些员工应该被解雇。[52] 规范性分析得出的结论是，当手机 APP 用户需要从该应用程序提供的一组可选方案中做出选择时，快速节俭树能够为这些 APP 提供有效的指导；[53] 如果司机们都遵循快速节俭树来决定使用哪个停车位，停车拥堵的现象将会得到缓解。[54]

概括来说，许多研究已经研究了现实情境中作为描述性或规范性分类模型的计数法和快速节俭树。然而，正如我们将在下一节中看到的，这些启发式在那些研究实验室分类的传统实验性研究中几乎不存在。这样的传统几乎将自己完全限制在如何将人工刺激物分配给人工类别的问题上。

实验室分类

有一种观点认为认知是统计推断，这种观点在分类研究中特别有影响力，在分类研究中，各种统计理论变成了研究大脑如何将对象分配到各个类别的理论。就像上文所阐释的，这种“大脑是统计学家”的观点对研究人员研究的分类任务的类型有直接影响。让我们设想在一个典型研究中有这些对象（图 5.2）。[55] 通过改变 4 个属性（形状、大小、颜色和位置），我们构建了这些几何图形。

参与者坐在电脑屏幕（图 5.2 中以矩形表示）前，他们需要学习出现在屏幕**左侧**的**白色小三角形**属于标记为 A 的类别，而出现在屏幕**右侧**的**黑色大圆形**属于标记为 B 的类别。

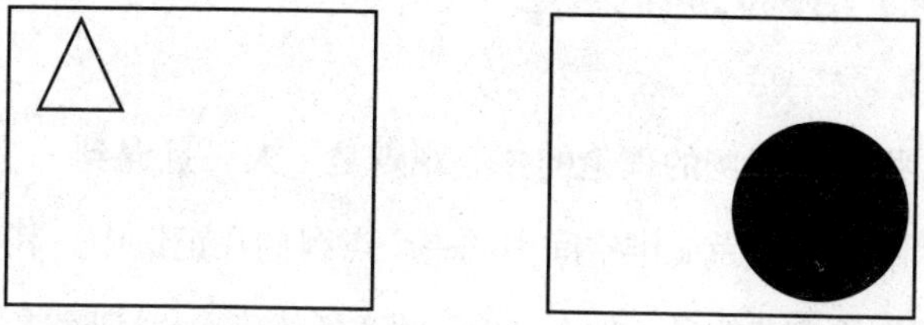

图5.2

这是一个典型的心理学分类实验。参与者要学会将刺激物分类，比如，把电脑屏幕左侧的白色小三角形分配给一个类别，将电脑屏幕右侧的黑色大圆形分配给另一个类别。

大家很快就学会了如何完美地进行这样的分类，因此研究的重点放在了分类的时间进程和速度等问题上。通常，参与者只需要不到一秒钟的时间，就可以在实验室中进行分类。理论家们竭尽全力地为参与者的大脑在这极短的时间里发生的事情建立模型。为了做到这一点，他们假设、调整和扩展了统计算法，使之达到了相当复杂的程度。在这里回顾这些文献的话，那将会是一项艰巨的任务。[56]

因此，在接下来的章节里，我们的目标不是提供全面的概述，而是简要地描述这个项目的一些核心观点以及它与现实情境中分类的不同之处。我们聚焦在“**基于范例的随机游走**”模型上。与贝叶斯模型一样，这些模型估算的是对象属于特定类别的概率。[57] 请注意，我们不去明确讨论贝叶斯模型，因为它们涉及一些很容易变得难以处理的概率计算。[58]

基于范例的随机游走

这些基于范例的理论的核心观点是，人一旦遇到一个对象，这个对象就会作为k维空间中的一个点存储在记忆中，其中k是对象变化的线索数量（如图5.2中的4条线索）。[59]研究者把基于范例的理论与随机游走以及亚伯拉罕·瓦尔德（Abraham Wald）的顺序决策理论相结合。[60]瓦尔德的理论又是内曼（Neyman）和皮尔逊（Pearson）的统计决策理论的延续，如前所述，统计决策理论启发了信号检测理论。我们在此以简化的形式描述基于范例的随机游走分类模型的基础知识，以帮助阐述。[61]

为了说明，我们使用第二章中介绍的缺血性心脏病问题。让我们设想一位医生，这位医生必须将一个新患者马克归类为下面两个类别中的一个类别：缺血性心脏病的低（C_0）或高（C_1）风险。医生根据患者在k=3个二元线索上的值进行分类，这三个二元线索是：心电图ST段是否抬高、是否以胸痛为主诉、是否有其他症状（比如心脏病史）存在。与第二章和第三章一样，患者的线索属值（也称为症状属值）由显示患者线索值的字符串表示。也就是说，如果马克的ST段升高（1）、胸痛是他的主诉（1），并且没有其他症状存在（0），那么他的个人属值是110。

范　例

在心脏病问题中，范例是先前的患者，其线索值和类别都已存储在医生的记忆中。为简单起见，让我们假设医生已经存储了三个范例的信息（对于有经验的医生来说，存储的范例数量会大得多）。患者 101 和 011 随后心脏病发作后属于高风险类别 C_1，而患者 010 由于随后没有心脏病发作而属于低风险类别 C_0。

根据基于范例的随机游走模型，在一系列的时间点上，医生将从记忆中检索一个先前患者的信息。这个检索的过程由新患者马克的症状属值来决定，将以下列方式进行。

遇到马克时，医生有一定的概率检索以前每个患者的信息。这个概率就是每个先前患者和马克之间的相似度的函数。在最简单的情况下，相似度是由两个患者具有相同值的线索数量来衡量的。鉴于马克的症状属值为 110，患者 101 和 011 与马克的相似度均为 1，而患者 010 的相似度为 2。检索某一特定患者的概率，就是该患者与马克的相似度比上所有存储在记忆中的先前患者与马克的相似度的总和。在我们设定的情境中，101 的检索概率为 ¼，011 的检索概率为 ¼，010 的检索概率为 ½。

假设医生有两个计数器，一个用于高风险，一个用于低风险。两个计数器都从 0 开始运算。一旦检索到一个患者，两个计数器的其中一个就会增大。如果检索到的患者有心脏病，则高风险计数器加 1，否则低风险计数器加 1。同一患者可以检索多次。一旦一个计数器达到预定阈值，例如 2，医生就会将马克分配给相应的类别。图 5.3 呈现了这一过程。

例如，当医生遇到症状属值为 110 的马克时，有 ½ 的概率从医生的记忆中检索到症状为 010 的患者。该患者已被分配到

低风险类别 C_0，因此支持等级 C_0 的计数器 N_0 将设置为 1。计数器 N_1 将保持等于 0。因为还没有计数器达到阈值 2，所以还会进行记忆检索。如果从医生的记忆中检索到的下一个患者的症状特征为 101，这是一个发生概率为 ¼ 的事件，则 N_1 将设置为 1，还需要从记忆中再次检索。假设这次检索又是具有症状特征 010 的患者，N_0 将设置为 2，该过程将终止，马克被分配到低风险类别 C_0。

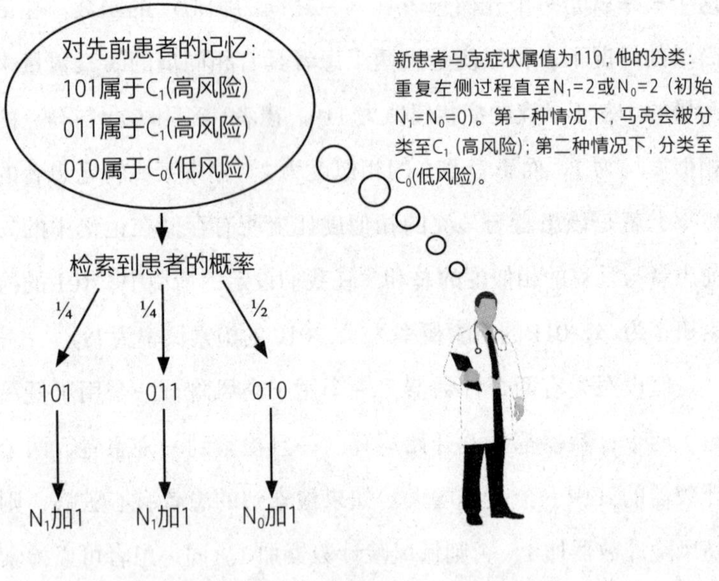

图5.3

基于范例的随机游走模型的一个简单版本。计数器N_0记录了支持新患者Mark为低风险C_0类别的证据。同样地，计数器N_1记录了支持高风险等级C_1的证据。

心理学文献中的实际模型要复杂得多。例如，记忆中存储的范例可能会受到编码错误的影响；范例之间相似度的计算可能会对各条线索不同的重要性敏感；从记忆中检索信息可能会适时地使用不同的线索子集；记录支持各个类别的证据的计数器最初设置的值可能不等，决定每个类别所需的阈值也可能不等；等等。此外，一些模型使用了其他的一些概念，诸如心理架构之类的概念，这些概念表示出信息是串行处理还是并行处理，以及对信息的搜索是否总是穷举搜索，还是能通过应用一个停止规则终止。[62] 此类扩展已通过使用十几个自由参数实现。[63]

据我们所知，基于范例的随机游走模型尚未在现实情境中进行过测试。原则上，针对我们在前几章中探讨的分类问题，例如是否保释或监禁潜在罪犯人，可以对这些模型测试。同时，在现实情境中，对范例模型的理想假设不太可能成立。例如，医生需要接触到范例，包括反馈，这会带来一个问题。像治安法官一样，大多数卫生系统里的医生无法访问数据来表示他们在 k 维空间中分类的人，其原因之一是，他们对于诊断出患有某种疾病的患者实际上是否患有这种疾病并没有得到完全的反馈。患者通常不会再回来，而且医疗系统并不总是保留完整的统计数据，或是以易于访问的形式保存这些数据。另一个复杂因素是可能有太多线索可用，正如我们在第一章达米的保释 / 监禁研究中看到的那样，其中包含 25 条线索。范例模型这样的理论并没有为人们要聚焦哪些线索提供依据。

两种分类的研究策略

认知过程

与曲线拟合模型不同，认知模型源自认知的基本原理。[64] 例如，尽管布伦斯维克使用了线性回归，但他并不认为线性回归描述了认知过程，而是将其视为一种便捷的数据建模过程。一个原因是，回归所做的假设，例如正态和同质，通常与我们对认知的了解不一致，例如响应时间不对称，且其方差随均值而增加。在随机游走中，未来状态仅取决于最后状态，而不取决于其历史。同样的“无记忆”原则——最后状态之后的记忆无关紧要——现在被假定为思维的一种特性。然而，该原则并未大概描述出医生和其他专家是如何进行分类的。[65] 一般来说，使用统计工具作为思维模型，需要批判性地审视它们的假设。

基于范例的随机游走的范例部分，也因其难以处理并由此在心理上难以相信而受到批评：可能需要将大量范例存储在记忆中。[66] 事实上，这种批评推动了更简便方法的发展，即假设一个新对象不与所有存储的对象进行比较，而仅与原型（通常定义为平均值）比较，或者更简单地，与其最为临近的对象进行比较。[67]

在如此分析的基础上，基于范例的随机游走模型在多大程度上是有效的过程模型，似乎并不明确。然而，心理学及其他领域的文章通常将它们称为过程模型。这些模型起源于统计工具，随后重新被认为是思维模型。这是在科学中，更具体地说在分类心理学中“从工具到理论”启发式的另一个案例。[68]

拟合还是预测

范例模型可能会包括十几个用于记忆编码的自由参数、相似性的度量标准、信息检索和随机停止信息搜索的规则。这种方法在数据拟合方面提供了很高的灵活性，但这不一定是优势，因为灵活性会降低预测的准确度。相比之下，快速节俭树和计数法的灵活性没有那么高。正如我们在前面的章节中看到的，并将在第六章中再次看到，快速节俭树和计数法已被用于在现实情境中预测。例如，保释 / 监狱树已经经由交叉验证测试，用于预测样本外的治安法官行为，而“白宫钥匙”是总体外预测的一个例子。

基于范例的随机游走模型是否在预测人类行为方面进行过测试呢？直到 20 世纪 90 年代，人们通常需要花费好一番力气搜索才能在认知模型中找到预测。科学哲学家克拉克 · 格莱摩（Clark Glymour）的一句“我们可以建模”犀利地总结了以数据拟合为导向的思维模式，即只要有足够数量的可调参数，事实发生后，一切皆可建模。[69] 在 21 世纪前 10 年里，心理学家开始越来越多地认识到预测的重要性。[70]

实验室分类似乎没有注意到这一点。有些地方确实应用了一些模型选择的程序，例如贝叶斯信息准则以及交叉验证，但总的来说，实验室中的分类缺少对这些方法的系统应用。此外，我们在实验室中也找不到任何总体外预测的实例。

灵活性

灵活的分类模型更好地拟合数据，但是预测效果可能不好（回忆一下第四章的选区不公正的重新划分图）。一个规则排除的行为越少，它就越灵活，也就越难去篡改它。在一个极端情况下，一个灵活的规则可以在事实之后解释每一个行为。也就是说，这些规则不排除任何行为，也无法被反驳。具有十几个自由参数的基于范例的随机游走可以拟合大范围的行为，并且，哪些行为与理论不符，并不总是明确的。在另一个极端情况下，一个不灵活的规则只能预测一种或一小部分行为，并排除许多其他行为。一个例子是，用于分配的 1/N 规则，它意味着一种且只有一种资产分配，同时与其他一切行为不一致。

灵活性很小或没有灵活性的分类规则可以做出强预测。强预测是指，除非某一特定理论成立，否则强预测不太可能为真。强预测是有用的，因为与弱预测不同，如果它们是准确的，它们将带来大量的知识增益。[71] 这同样适用于分类。与具有许多自由参数的随机模型相比，基于规则的模型（如快速节俭树）没有那么灵活，它更节俭，更加具有卡尔·波普尔①（Karl Popper）式的大胆。[72]

---

① 卡尔·波普尔（1902—1994），思想家，哲学家，他开创了西方最重要的科学哲学流派——批判理想主义。批判哲学理念之一就是以科学思维反驳社会上的一些思维热潮，波普尔反潮流的新科学观念在当时赢得了许多自然科学家的支持和肯定。——译者注

表 5.1 总结了实验室分类（例如，基于范例的随机游走）和现实情境中的分类（快速节俭树和计数法）在研究策略上的典型差异。

表5.1　实验室和现实情境中分类研究策略的典型差异

	实验室中的分类	现实情境中的分类
对象	由实验人员设计的人工对象，比如有两三条不同线索的三角形和圆形	自然对象，比如疑似患有心脏病的患者，未知他们有多少不同的线索
类别	由实验人员界定的人工类别，比如类别A与类别B	自然类别，比如发生在自然环境中的心脏病
认知过程	基于范例的随机游走可能会对记忆提出难以置信的要求，而它们与认知过程的已知事实在多大程度上是兼容的，目前还不清楚	启发式描述了一个基于计数或排序的认知操作序列，可以测试其表现
拟合还是预测	聚焦在将参数与过去观测到的已知数据进行拟合；很少或根本不使用交叉验证或其他一般化标准；未尝试总体外预测	聚焦在预测未来的行为；系统地使用交叉验证，类似于机器学习；有一些总体外预测
灵活度	基于范例的随机游走通常具有大量的自由参数可以很好地拟合数据；这种灵活度可能会导致弱预测(亦即基于所有或大多数可用理论可能为真的预测)	启发式不使用或使用少量自由参数；这种有限的灵活度降低了在事实之后拟合数据的能力；可能导致强预测(亦即除非有特定理论成立，否则不太可能正确地预测)

表 5.1 列出的差异并不详尽。例如，快速节俭树和计数法只能对分类速度进行有序预测，而基于范例的随机游走模型只能进行定量预测。启发式为行动提供了透明的实用指南，如护理人员相关的决策树和 HIV 筛查树，基于范例的随机游走模型则没有。因此，未来的研究方向是，研究我们可以如何使用这两种方法来彼此影响，我们将本着这样一种精神，即工具箱里既有简单启发式，也有其他一些更复杂的策略。[73]

复杂性悖论：问题与解决方法

分类最基本的形式是枚举，在这种形式里，某一类别本质上是其成员的集合（例如“我的家人”），不需要分类规则。当孩子们从一个不熟悉的类别接触到少量新事物时，通过记住个别范例，他们就做到了分类。[74] 然而，范例更多以后，枚举就不再起作用，人们就需要基于线索的分类规则。分类，在本质上是不确定性推理。

心理学研究发展出了两种程式来研究人们如何做出这样的推断。实验室分类研究的是，在实验者定义分类规则的情况下，人们如何将人造对象进行分类，实验者将这些对象的少数属性设计得各有不同。现实情境中的分类研究的是，人们如何对自然对象进行分类，这些对象的属性各有不同，属性数量未知，并且分类规则尚待发现。

我们对这两种方法的分析得出了一个看似矛盾的结论：实

验室分类研究提出了一些复杂的统计模型，用这些复杂模型来描述人们如何解决简单的问题。现实情境中分类的研究给出了一些简单启发式，这些简单规则描述了人们如何解决困难的问题。

注 释

1. Paul C. Quinn, Peter D. Eimas, and Michael J. Tarr, "Perceptual Categorization of Cat and Dog Silhouettes by 3-to 4-Month-Old Infants," *Journal of Experimental Child Psychology* 79, no. 1 (2001): 78–94.
2. David H. Rakison and Lisa M. Oakes, eds., *Early Category and Concept Development: Making Sense of the Blooming, Buzzing Confusion* (Oxford: Oxford University Press, 2003).
3. Brenden M. Lake et al., "Building Machines That Learn and Think Like People," *Behavioral and Brain Sciences* 40 (2017): e253.
4. 埃贡·布伦斯维克（Egon Brunswik）是个显著的例外。在20世纪四五十年代，他将赫曼·冯·亥姆霍兹（Hermann von Helmholtz）"无意识推理"的概念转化成了线性多元回归。然而，布伦斯维克将回归视为一个as-if模型，而不是一个实际认知过程的模型。那时候，他的大多数实验心理学家同事都不能接受他的理论，他们搞不懂知觉体系和统计学家之间的类比。
5. Gerd Gigerenzer and David J. Murray, *Cognition as Intuitive Statistics* (London: Psychology Press, 2015).
6. Wilson P. Tanner Jr. and John A. Swets, "A Decision-Making Theory of

Visual Detection," *Psychological Review* 61, no. 6 (1954): 401–409.

7. Gigerenzer and Murray, *Cognition as Intuitive Statistics*.
8. Gerd Gigerenzer, "From Tools to Theories: A Heuristic of Discovery in Cognitive Psychology," *Psychological Review* 98, no. 2 (1991): 254–267.
9. Jerome S. Bruner, Jacqueline J. Goodnow, and George A. Austin, *A Study of Thinking* (New York: John Wiley and Sons, 1956).
10. Gerd Gigerenzer, "Ideas in Exile: The Struggles of an Upright Man," in *The Essential Brunswik: Beginnings, Explications, Applications*, ed. Kenneth R. Hammond and Tom R. Stewart (Oxford: Oxford University Press, 2001), 445–452.
11. 人造物体与自然物体之间的区别并不是绝对的，还有不同程度介于中间的内容。
12. Michael Allen, "Preschool Children's Taxonomic Knowledge of Animal Species," *Journal of Research in Science Teaching* 52, no. 1 (2015): 107–134.
13. Herbert A. Simon, "Rational Choice and the Structure of the Environment," *Psychological Review* 63, no. 2 (1956): 129–138.
14. Gerd Gigerenzer and Reinhard Selten, eds., *Bounded Rationality: The Adaptive Toolbox* (Cambridge, MA: MIT Press, 2001).
15. Pawan Sinha et al., *Face Recognition: Models and Mechanism* (Cambridge, MA: Academic Press, 2003).
16. Sinha et al., *Face Recognition*.
17. Kevin J. Ford et al., "Process Tracing Methods: Contributions, Problems, and Neglected Research Questions," *Organizational Behavior and Human Decision Processes* 43, no. 1 (1989): 75–117; John W. Payne, James R. Bettman, and Eric J. Johnson, *The Adaptive*

Decision Maker (Cambridge: Cambridge University Press, 1993).

18. John M. C. Hutchinson and Gerd Gigerenzer, "Simple Heuristics and Rules of Thumb: Where Psychologists and Behavioural Biologists Might Meet," *Behavioural Processes* 69, no. 2 (2005): 97– 124.
19. Tobias Dantzig, *Number, the Language of Science: A Critical Survey Written for the Cultured Non-Mathematician* (London: Penguin, 1954).
20. Dantzig, *Number, the Language of Science*.
21. Thomas Åstebro and Samir Elhedhli, "The Effectiveness of Simple Decision Heuristics: Forecasting Commercial Success for Early-Stage Ventures," *Management Science* 52, no. 3 (2006): 395–409; Jan K. Woike, Ulrich Hoffrage, and Jeffrey S. Petty, "Picking Profitable Investments: The Success of Equal Weighting in Simulated Venture Capitalist Decision Making," *Journal of Business Research* 68, no. 8 (2015): 1705–1716.
22. Victor DeMiguel, Lorenzo Garlappi, and Raman Uppal, "Optimal versus Naive Diversification: How Inefficient Is the 1/N Portfolio Strategy?" *Review of Financial Studies* 22, no. 5 (2007): 1915–1953.
23. Ralph Hertwig, Jennifer Nerissa Davis, and Frank J. Sulloway, "Parental Investment: How an Equity Motive Can Produce Inequality," *Psychological Bulletin* 128, no. 5 (2002): 728–745.
24. Jolene H. Tan, Shenghua Luan, and Konstantinos V. Katsikopoulos, "A Signal-Detection Approach to Modeling Forgiveness Decisions," *Evolution and Human Behavior* 38, no. 1 (2017): 27–38.
25. Robyn M. Dawes, "The Robust Beauty of Improper Linear Models in Decision Making," *American Psychologist* 34, no. 7 (1979): 571–582; Robyn M. Dawes and Bernard Corrigan, "Linear Models in Decision

Making," *Psychological Bulletin* 81, no. 2(1974): 95–106.

26. Dawes, "Robust Beauty," 577.
27. Hillel J. Einhorn and Robin M. Hogarth, "Unit Weighting Schemes for Decision Making," *Organizational Behavior and Human Performance* 13, no. 2 (1975): 171–192.
28. Leo Breiman, "Statistical Modeling: The Two Cultures (with Comments and a Rejoinder by the Author)," *Statistical Science* 16, no. 3 (2001): 199–231.
29. Jean Czerlinski, Gerd Gigerenzer, and Daniel G. Goldstein, "How Good Are Simple Heuristics?" in *Simple Heuristics That Make Us Smart*, by Gerd Gigerenzer, Peter M. Todd, and the ABC Research Group (New York: Oxford University Press, 1999), 97–118.
30. Gerd Gigerenzer and Daniel G. Goldstein, "Reasoning the Fast and Frugal Way: Models of Bounded Rationality," *Psychological Review*, no. 103 (1996): 650–669.
31. Robin M. Hogarth, "When Simple Is Hard to Accept," in *Ecological Rationality: Intelligence in the World*, by Peter M. Todd, Gerd Gigerenzer, and the ABC Research Group (Oxford: Oxford University Press, 2012), 61–79.
32. Mininder S. Kocher et al., "Validation of a Clinical Prediction Rule for the Differentiation between Septic Arthritis and Transient Synovitis of the Hip in Children," *Journal of Bone and Joint Surgery* 86, no. 8 (2004): 1629–1635.
33. Elliott M. Antman et al., "The TIMI Risk Score for Unstable Angina / Non-ST Elevation MI: A Method for Prognostication and Therapeutic Decision Making," *Journal of the American Medical Association* 284, no. 7 (2000): 835–842.

34. Christopher W. Seymour et al., "Assessment of Clinical Criteria for Sepsis for the Third International Consensus Definitions for Sepsis and Septic Shock (Sepsis-3)," *Journal of the American Medical Association* 315, no. 8 (2016): 762–774.
35. Ron Pisters et al., "A Novel User-Friendly Score (HAS-BLED) to Assess 1-Year Risk of Major Bleeding in Patients with Atrial Fibrillation: The Euro Heart Survey," *Chest* 138, no. 5 (2010): 1093–1100.
36. Vanja C. Douglas et al., "The AWOL Tool: Derivation and Validation of a Delirium Prediction Rule," *Journal of Hospital Medicine* 8, no. 9 (2013): 493–499.
37. Wei S. Lim et al., "Defining Community Acquired Pneumonia Severity on Presentation to Hospital: An International Derivation and Validation Study," *Thorax* 58, no. 5 (2003): 377–382.
38. Amos Tversky, "Elimination by Aspects: A Theory of Choice," *Psychological Review* 79, no. 4 (1972): 281–299.
39. Arndt Bröder, "The Quest for Take-the-Best," in *Ecological Rationality: Intelligence in the World*, ed. Peter M. Todd, Gerd Gigerenzer, and the ABC Research Group (New York: Oxford University Press, 2012), 216–240.
40. Özgür Şimşek and Marcus Buckmann, "Learning from Small Samples: An Analysis of Simple Decision Heuristics," in *Advances in Neural Information Processing Systems* 28 (2015): 3159–3167; Marcus Buckmann and Özgür Şimşek, "Decision Heuristics for Comparison: How Good Are They?" *Proceedings of the NIPS 2016 Workshop on Imperfect Decision Makers*, in *PMLR* 58 (2017): 1–11.

41. Amos Tversky and Daniel Kahneman, "Judgment under Uncertainty: Heuristics and Biases," *Science* 185, no. 4157 (1974): 1124–1131.
42. Gigerenzer, Todd, and ABC Research Group, *Simple Heuristics That Make Us Smart*; Gerd Gigerenzer, Ralph Hertwig, and Thorsten Pachur, eds., *Heuristics: The Foundations of Adaptive Behavior* (New York: Oxford University Press, 2011).
43. Liz Smith and Ken Gilhooly, "Regression versus Fast and Frugal Models of Decision-Making: The Case of Prescribing for Depression," *Applied Cognitive Psychology: The Official Journal of the Society for Applied Research in Memory and Cognition* 20, no. 2 (2006): 265–274.
44. Mandeep K. Dhami and Clare Harries, "Information Search in Heuristic Decision Making," *Applied Cognitive Psychology: The Official Journal of the Society for Applied Research in Memory and Cognition* 24, no. 4 (2010): 571–586.
45. Lars G. Backlund et al., "Improving Fast and Frugal Modeling in Relation to Regression Analysis: Test of 3 Models for Medical Decision Making," *Medical Decision Making* 29, no. 1 (2009): 140–148.
46. Joachim E. Fischer et al., "Use of Simple Heuristics to Target Macrolide Prescription in Children with Community-Acquired Pneumonia," *Archives of Pediatrics and Adolescent Medicine* 156, no. 10 (2002): 1005–1008.
47. Mirjam A. Jenny et al., "Simple Rules for Detecting Depression," *Journal of Applied Research in Memory and Cognition* 2, no. 3 (2013): 149–157.
48. Benjamin Djulbegovic, Iztok Hozo, and William Dale, "Transforming

Clinical Practice Guidelines and Clinical Pathways into Fast-and-Frugal Decision Trees to Improve Clinical Care Strategies," *Journal of Evaluation in Clinical Practice* 24, no. 5 (2018): 1247–1254.

49. Aanand D. Naik et al., "A Fast and Frugal Algorithm to Strengthen Diagnosis and Treatment Decisions for Catheter-Associated Bacteriuria," *PLOS One* 12, no. 3(2017): e0174415.
50. Nathan Davies et al., "Guiding Practitioners through End of Life Care for People with Dementia: The Use of Heuristics," *PLOS One* 13, no. 11 (2018): e0206422.
51. Tibor van Rooij et al., "Fast and Frugal Trees: Translating Population-Based Pharmacogenomics to Medication Prioritization," *Personalized Medicine* 12, no. 2 (2015): 117–128.
52. Shenghua Luan and Jochen Reb, "Fast-and-Frugal Trees as Noncompensatory Models of Performance-Based Personnel Decisions," *Organizational Behavior and Human Decision Processes* 141 (2017): 29–42.
53. Merkourios Karaliopoulos and Iordanis Koutsopoulos, "Mobile App User Choice Engineering Using Behavioral Science Models," in *2018 IEEE 19th International Workshop on Signal Processing Advances in Wireless Communications* (Piscataway: IEEE, 2018): 1–5.
54. Merkourios Karaliopoulos, Konstantinos V. Katsikopoulos, and Lambros Lambrinos, "Bounded Rationality Can Make Parking Search More Efficient: The Power of Lexicographic Heuristics," *Transportation Research Part B: Methodological* 101 (2017): 28–50.
55. 改编自如下著作中的实验1：Douglas L. Medin and Marguerite M. Schaffer, "Context Theory of Classification Learning," *Psychological Review* 85, no. 3 (1978): 207–238。

56. John K. Kruschke, “Models of Categorization,” in *The Cambridge Handbook of Computational Psychology*, ed. Ron Sun (New York: Cambridge University Press, 2008).

57. Gregory F. Ashby and Leola A. Alfonso-Reese, “Categorization as Probability Density Estimation,” *Journal of Mathematical Psychology* 39, no. 2 (1995): 216–233.

58. 一些认知科学家认为“贝叶斯大脑”在“无概率”的情况下也行得通，比如，请参见Adam N. Sanborn and Nick Chater, “Bayesian Brains without Probabilities,” *Trends in Cognitive Sciences* 20, no. 12 (2016): 883–893。这意味着一个人可以通过抽样来估算概率。那或许是真的，但它的前提是，世界上的不确定性可以由概率来体现，然而在日常生活中，情况并不是这样。

59. 范例由k维空间中的点来表示的这一假说，受到了（非度量）多维排列技术的启发。这个工具使用了相似性度量（欧几里得距离，城市街区距离或闵可夫斯基度量）去表示多维空间中的物体。这是受到心理学建立理论的启发从而构建“从工具到理论的助勘式”的又一案例。

60. Abraham Wald, *Statistical Decision Functions* (New York: Wiley, 1950).

61. Robert M. Nosofsky and Thomas J. Palmeri, “An Exemplar-Based Random Walk Model of Speeded Classification,” *Psychological Review* 104, no. 2 (1997): 266–300.

62. Mario Fific, Daniel R. Little, and Robert M. Nosofsky, “Logical-Rule Models of Classification Response Times: A Synthesis of Mental-Architecture, Random-Walk, and Decision-Bound Approaches,” *Psychological Review* 117, no. 2 (2010): 309–348.

63. Andrew L. Cohen and Robert M. Nosofsky, “An Extension of the

Exemplar-Based Random-Walk Model to Separable-Dimension Stimuli,"*Journal of Mathematical Psychology* 47, no. 2 (2003): 150–165.

64. Jerome R. Busemeyer and Adele Diederich, *Cognitive Modeling* (Thousand Oaks, CA: Sage, 2014).

65. 有人可能回应说，非"无记忆"的随机认知过程也可以表示为"无记忆"的马尔可夫链/随机游走，只要系统状态被适当地重新定义。尽管这种解决方法原则上是可能的，但是，这种方法很容易变得棘手，因为它最终会需要非常大量的详细的状态。棘手的运算在心理上不可能是可信的。当然，我们还不是完全清楚马尔可夫过程以及用来描述和控制它的相关运算是否确实是棘手的。尽管如此，我们可以合理地假定，状态空间越大，相关的运算对于人脑来说就越有可能是棘手的。

66. 请参见Robert M. Nosofsky, Thomas J. Palmeri, and Stephen C. McKinley, "Rule- Plus-Exception Model of Classification Learning," *Psychological Review* 101, no. 1(1994): 53："我们有理由质疑范例存储过程及其看上去所需的大量存储资源是否可信。"

67. For example, RULEX models.

68. Gigerenzer, "From Tools to Theories."

69. Clark Glymour, "Osiander's Psychology," *Behavioral and Brain Sciences* 34, no. 4(2011): 200.

70. Seth Roberts and Harold Pashler, "How Persuasive Is a Good Fit? A Comment on Theory Testing," *Psychological Review* 107, no. 2 (2000): 358–367; Mark A. Pitt and In Jae Myung, "When a Good Fit Can Be Bad," *Trends in Cognitive Sciences* 6, no. 10(2002): 421–425.

71. Alan Musgrave, "Logical versus Historical Theories of Confirmation," *British Journal for the Philosophy of Science* 25, no. 1 (1974):

1–23. 对这个方法所做的贝叶斯分析，请参见 David Trafimow, "Hypothesis Testing and Theory Evaluation at the Boundaries: Surprising Insights from Bayes's Theorem," *Psychological Review* 110, no. 3 (2003): 526–535。总体性评述请参见Konstantinos V. Katsikopoulos, "How to Model It: Review of 'Cognitive Modeling,'" *Journal of Mathematical Psychology* 55, no. 2 (2011): 198–201。

72. Lee W. Gregg and Herbert A. Simon, "Process Models and Stochastic Theories of Simple Concept Formation," *Journal of Mathematical Psychology* 4, no. 2 (1967): 246–276.

73. Gigerenzer and Selten, *Bounded Rationality*.

74. Paul C. Quinn, "Beyond Prototypes," in *Advances in Child Development and Behavior*, ed. Robert V. Kail and Hayne W. Reese (San Diego: Academic Press, 2002), 161– 193.

第六章

构建一个更安全的世界

BUILDING A SAFER WORLD

人民的利益高于一切。

——西塞罗

2009年1月15日，全美航空1549号班机从纽约市拉瓜迪亚机场起飞，目的地是西雅图-塔科马国际机场。起飞后的两分钟内，一群加拿大黑雁撞上飞机的两个引擎，使两个引擎都无法正常工作。沙林博格机长和副驾驶斯凯尔斯不得不做出一个艰难的抉择：飞机能返回拉瓜迪亚吗？还是在另一个机场降落？又或许，他们必须要尝试在哈德逊河紧急降落？

沙林博格和斯凯尔斯可以尝试测量飞行速度、风、高度和距离，以估算飞机是否可以到达拉瓜迪亚机场的跑道。然而，那样估算有多准确呢？他们有足够的时间进行这些计算吗？机长和副驾驶都知道，他们几乎没有足够的时间来检查双引擎故障清单，更不用说进行复杂的计算了。相反，沙林博格和斯凯尔斯采取的是一个简单的经验法则。用副驾驶的话来说，就是“与其说是数学运算不如说是视觉判断，因为当你在驾驶飞机飞行时，你无法到达的那个点实际上会在挡风玻璃中升起。你将要飞越的点将在挡风玻璃中下降”[1]。该经验法则如下：

注视启发式：将目光注视着控制塔台。如果塔台在挡风玻璃中升起，则飞机无法降落在机场跑道。

这个快速节俭启发式仅需要一条信息，而且不受计算错误的影响。由于拉瓜迪亚塔台在他们的挡风玻璃中升起，沙林博格和斯凯尔斯决定降落在哈德逊河。正如后来多次的模拟所表明的那样，他们做出了正确的决定。飞行员成功地降落飞机，没有任何人员伤亡。

刚刚描述的注视启发式案例适用于安全着陆，而启发式适用于解决一般的协调问题。水手们使用相同的启发式（以及其他的方法）来避免与其他船只相撞，棒球外场手使用相同的启发式来接球，狗用相同的启发式来接飞盘，老鹰用它来拦截鸽子。[2]

人们普遍认为，复杂的问题需要复杂的解决方案。[3]然而，“哈德逊河上的奇迹”说明了简单的分类规则可以拯救生命。前几章研究了快速节俭分类规则的准确性、节俭度和透明度之后，我们现在来研究它们如何可以提高安全性。我们在两种具有挑战性的情况下考察了快速节俭树，这两种情况都要求安全优先：在军事检查站识别自杀式袭击者；识别处于倒闭边缘的银行。我们在两个案例中都描述了如何通过**从业者的方法**来构建快速节俭树。这一设计简单规则的过程，不单单使用一些统计方法（如第二章、第三章与第四章所述），而且也咨询了专家的建议。

朋友还是敌人：检查站决策树

在那些饱受战争或其他严重冲突困扰的地区，维和行动旨在创造一个稳定的环境。此类行动包括地面巡逻、军事舰队和军事关卡。图 6.1 呈现的是阿富汗的一个北约检查站。

图6.1

阿富汗赫尔曼德省一个由英国士兵把守的北约检查站。图片经路透社授权使用。

驻守检查站的士兵有一项重要任务，他们要将迎面驶来的车辆分类为“友好”还是“敌对”。这个分类可以决定士兵的生死，对那辆接近检查站的车辆上的人员也是如此。如果士兵推断出一辆车上载有平民，他们将使用警告信号令其减速并最终停车，以便对其进行搜查并批准继续行驶。如果士兵推断出该车辆可能被自杀式袭击者占有，他们就会升级使用武力以消除威胁。

这个过程充满了不确定性。平民经常把车开到距离车队或检查站很近的地方，以至于他们看上去是威胁。[4]他们可能是因为很紧张或者无法理解士兵的要求而把车开得很近。[5]此外，为政府工作的人员可能会怀疑某个检查站是叛乱分子有时为逮捕或杀害政府官员而伪造的，这种不确定性的后果可能是某种极其严重的。2006年，伊拉克多国部队开始汇编关于检查站冲突的统计数据。2006年的1月和2月记录有600多起平民看上去是某种威胁的事件。其中60多起事件中，平民受伤；30多起事件中，平民被杀。2003年至2006年初，在检查站被杀的伊拉克平民估计有超1000名。[6]

北约、本国军队、地方当局、激进组织和公众都认为减少平民伤亡人数是道义上必须要做的事。这对于维持和平也具有重要的战略意义，因为平民的死亡增加了当地的不满情绪，这反过来又可能导致新的自杀式袭击。军方发布指令对使用武力的人进行纪律约束来应对这种情况。[7]通过指挥系统批准使用武力的情况下，这些指令取得了成功。[8]然而，这不是士兵面临的情况，他们必须在几秒钟之内自行评估潜在威胁。在这样的案例中，平民伤亡人数没有减少。这个问题持久存在，解决方案可能是一个能够可靠地区分平民和攻击者的分类规则。这个规则应该是透明和快速的，以便士兵可以记住它并快速应用。

在我们展示如何建立这样的分类规则之前，让我们仔细分析一下士兵的实际情况。

北约的规定几乎帮不上忙

对于如何应对迎面驶来的车辆，北约指挥官和士兵通常会拿到列在卡片上的一系列规定。[9]图 6.2 展示了一张为 1999 年科索沃战争（Kosovo War）准备的卡片。该卡片的第三条对**武力升级**做了规定。

a. 口头警告；

b. 亮出可随时使用的武器；

c. 如有必要，使用武器；

d. 使用非致命武力，例如瞄准车辆使其威胁消除；

e. 使用武力，可能是致命武力，比如射击以摧毁车辆并杀死乘员或消除威胁。

请注意，这张卡片没有提供任何区分平民和自杀式袭击者的分类规则。它也没有提供任何内容指导士兵应何时增加武力水平、何时保持当前水平、何时停止施用武力而走到车辆前进行搜索。相反，它的陈述是模糊的，例如，“在情况允许的情况下，逐步升级武力”。

那么，士兵是如何区分平民和自杀式袭击者的呢？我们不知道。但是，我们可以分析官方报道的士兵与驶向检查站的车辆之间的冲突来获得一些线索。在接下来的内容里，我们将详细描述这 1053 份报告。从这一分析中，我们主要了解到的是，

维和：科索沃部队（阿尔巴尼亚，1999年4月）

猎鹰特遣部队交战规则卡

（此卡内容不保密，向士兵分发）

下列规则中没有任何内容禁止我部队行使其固有的自卫权利。

1. 在以下任何时候，使用必要的武力，包括致命武力：
   a. 应对对你本人、其他北约部队或其他国家友好部队造成严重身体伤害或死亡的直接威胁。
   b. 防止对枪支、弹药、爆炸物或被认为对国家安全至关重要的财产进行直接盗窃、损坏或破坏。
2. 在以下任何时候，不要使用致命武力：
   a. 应对对你自己，其他北约部队或其他国家友好部队人员的身体伤害或死亡以外的威胁。
   b. 防止任何北约军事财产被直接盗窃、损坏或破坏。
3. 情况许可时，逐步升级武力，包括：
   a. 口头警告“停止前进”。
   b. 亮出武器。
   c. 以防暴队形展示武力。
   d. 非致命物理武力。
   e. 如有必要制止造成严重人身伤害或死亡的直接威胁，应小心瞄准射击以应对威胁，直到不再构成威胁为止。
4. 为保护部队、士兵可以根据要求搜查，解除武装和拘留人员，应尽快将被拘留者移交适当的东道国当局。
5. 严禁鸣枪示警。
6. 尊重所有难民。尊重所有难民的文化和宗教信仰。
7. 不要保留战争纪念品或敌人纪念品供个人使用。
8. 除非是为了完成任务和指挥官的指示，否则不要进入任何清真寺，或其他伊斯兰宗教场所。
9. 无论可疑的违反行为是由友军还是由敌军所犯，遇到任何违反战争法或交战规则的行为，都要立即向你的指挥链、军事警察、随军牧师、总检查长或军法署署长报告。
10. 所使用的武力数量和武器种类不应超过完成任务所必需的数量，尽量减少任何附带损害。

图6.2

1999年4月阿尔巴尼亚的科索沃部队（KFOR）维和行动中发给北约指挥官和士兵的一张卡片，上面规定了与迎面驶来的车辆的交战规则（ROE）。

士兵们似乎基本只依赖于一条线索，那就是迎面驶来的车辆是否**服从指令**（即减速或停车）。[10] 服从指令是所有的 1053 份涉及平民的报告中提到的唯一线索。在其中 1020 起案件中，一旦车辆未能服从指令，士兵就会升级武力。相反，只要车辆服从指令，士兵就不会升级武力水平。因此，士兵的行为可以大致概括为以下规则。

服从指令启发式：只有在迎面驶来的车辆不服从指令的时候，升级武力水平。

在这 1053 起事件中，857 起事件中的士兵升级了武力水平，即级别 c，这些枪击导致 35 名平民伤亡。其余 196 起事件中，士兵对车辆或人员进行了最高武力级别的射击，即级别 d 或 e，造成另外 169 人伤亡。要注意的是，将武力从 c 增加到 d 等级并没有使车辆服从指令。显然，将武力增加到 e 做到了。总而言之，看来是由于士兵们使用了一种过于简单的仅依靠一条线索的启发式，士兵们过度升级武力，造成了过多平民伤亡。那么，有没有一种伤害较低的策略呢？

用于识别自杀式袭击者的快速节俭树

为了解决平民伤亡问题，心理学家尼可拉斯·凯勒（Niklas Keller）和本书的一位作者康斯坦丁诺斯·V. 卡齐科普洛斯研发了一种识别自杀式袭击者的分类规则，这种分类规则可以在现实情境中快速应用，[11] 可分为三步。

第一步：识别线索

线索需要具有两个属性，它们需要（1）具有高度预测性和（2）易于观察。为了找到这些线索，我们首先浏览了相关文献，包括军事文件。例如，一辆车乘载的乘客多于1名，这被称为平民身份的“重要标志”。[12]2006年，当时驻伊拉克美军第二高官彼得·基亚雷利（Peter Chiarelli）中将在接受《星条旗报》（*Stars and Stripes*）采访时称，他希望士兵“数人头”[13]。这种方法很直观：从袭击者的角度来看，自杀式袭击者是高价值资产，因此将多个袭击者分配给一辆车是一种对资源的浪费。我们查阅文献之后，还对武装部队的教官和有战斗经验的人员进行了半结构访谈①，要求受访者评论其他受访者或文献中提到的线索。这个过程产生了三条线索：**多个乘员**、**服从指令**和**进一步的威胁**。什么是威胁线索，比如情报称该区域出现了一辆可疑的蓝色本田思域轿车。

第二步：识别启发式

我们使用第一步识别出的线索，接着，我们要问的问题是，

① 半结构化访谈（Semi-structured Interviews）指按照一个粗线条式的访谈提纲而进行的非正式的访谈。该方法对访谈对象的条件、所要询问的问题等只有一个粗略的基本要求。——译者注

哪种类型的启发式更适合手头的问题。具体点来说，这个启发式应该易于记忆、可以快速应用且预测准确。在快速节俭树中，线索按重要性排序，而在计数法中，线索具有相同的权重。这两种类型的启发式都很容易记住。但是，相比于计数法，快速节俭树让相关人员分类更快，因为他们可以在第一条或第二条线索后就做出决定，而不必使用所有的三条线索。此外，三条线索之一的“多个乘员”，很可能是一个非常强的线索。这就支持对线索进行排序，而非对它们进行平均加权和计数。因此，快速做决定和准确做决定两个要求都指向应用快速节俭树。

第三步：构建启发式

构建快速节俭树需要识别原因并对其排序。所有接受采访的德军军事人员都表示，多个乘员的车辆是一个有力指标，指示着平民身份而非自杀式袭击者身份。他们还认为，不服从指令是自杀式袭击者的一个有力指标，但也表示，第一个原因比第二个原因有力得多。此外，在拼车的情况较多的地区（因为阿富汗等地区车辆密度较低），首先检查是否有多个乘员可能会让使用快速节俭树非常高效。业内人士评论说，如此快速的规则对于士兵来说能够有效缓解压力。快速节俭树的第二个原因是不服从指令，“服从指令启发式”中士兵们凭直觉使用这个原因。这种与现有实践的一致性，有助于士兵很容易就能理解、接受和应用快速节俭树。

图 6.3 显示了最终的**检查站决策树**。它可以印在袖珍卡片上，可以分发给士兵，并且易于记忆。第一个问题是车辆是否载有多个乘员。如果“是”，那么推断是他们为“非敌对平民”，否则，接着询问第二个问题，即车辆是否不服从指令。如果“是”，则分类为车辆乘员为“敌对”，否则，第三个问题将最终对所有剩余车辆进行分类。检查站决策树是透明且节俭的，但是它的预测准确性如何呢？

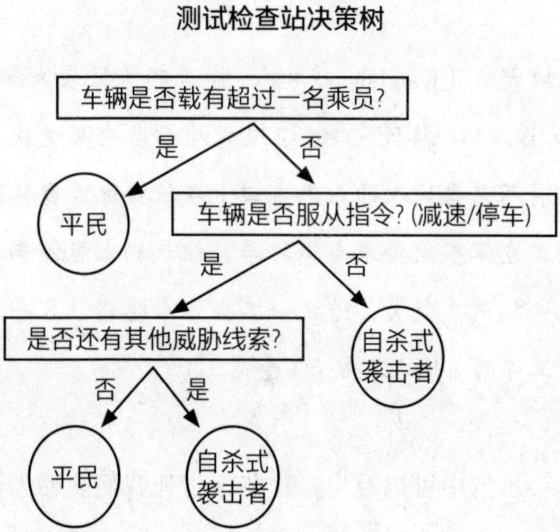

图6.3

检查站决策树：这是一种快速节俭树，用来鉴别迎面驶来的车辆承载的是自杀式袭击者还是平民，该树采用了从业者的方法构建。

用来评估检查站决策树的实证数据是很难拿到的。然而，在该决策树构建后，发生了一起政治丑闻，这让我们可以获得相关数据。2010 年，维基解密公开了 9.1 万份阿富汗战争的文件，其中大部分文件被列为机密文件。在泄露的这些数据中，有 1060 份来自阿富汗军事检查站的官方报告，上面记录了 2004 年至 2009 年间士兵与迎面驶来的车辆之间的关键性（即非常规的）冲突。[14] 以下是报告相关部分的一个示例，其中敏感信息替换为“X”。

> 坎大哈（Kandahar）×××× 特遣部队报告 ×××× 省 ×××× 区 ×××× 路段 ×××× 组造成两名当地人受伤。一辆载有两名当地人的白色丰田卡罗拉接近检查站速度太快，友军多次要求车辆停车，但车辆未能停车。友军与一辆汽车交火，造成一名当地人受伤，另一名冲进清真寺的当地人（孩子）受伤。

从这一示例中可以看出，这些报告让我们能够去识别冲突的结果，是否出现了平民伤亡或军事伤亡，如果出现的话，一共有多少例子，也让我们能够识别线索值，如车辆是否减速或停止以及车辆中的乘员数量。在所报告的 1060 起事件中，有 7 起是自杀式袭击，而在每起事件中，车辆上正好有一名自杀式袭击者。北约部队未能阻止这 7 起袭击事件，这些袭击都成功了。出于可以理解的原因，关于这几起事件的其他一些信息无法获得。而在剩下的 1053 起事件中，接近检查站的车辆上只载有平民。士兵们错误地将其中一些平民归类为自杀式炸弹袭击者。结果，58 名平民被杀，另有 146 人受伤。

对于那 7 起成功的自杀式袭击案例，我们没有足够的信息来测试检查站决策树。我们知道的是那些案例总是只涉及 1 名乘员，但我们不知道的是司机是否服从了士兵的指令、士兵是否受到了其他情报信息的影响。我们可以肯定的是，由于那些袭击都成功了，检查站决策树的表现不可能比士兵们要差。

其余的 1053 起案例都牵涉到平民，报告提供了足够的信息来测试决策树。在这些案例中，决策树正确地将 975 人归类为所涉平民，错误地将 78 人归类为所涉自杀式袭击者。这 78 次误报是如何转化为大量平民伤亡的呢?

假设士兵已经记住了检查站决策树，现在开始应用它。将某人归类为自杀式袭击者并不意味着此人将被杀害甚至受伤。正如武力升级规则所显示的那样，对人或车辆的射击只发生在最高的两个等级。根据“战斗损伤评估”报告，士兵们确实是以微妙的方式做出反应。因此，我们可以合理地假设，这 78 个人中，有一些人即使被标记为“具有威胁”，他们也不会受到伤害。一项对这些案例报告的研究显示，其中只有 13 人伤亡（5 人死亡，8 人受伤）。但是，我们很难知道，如果士兵们使用了检查站决策树，伤亡的确切人数会是多少。然而，我们可以把 78 作为上限。与士兵造成的 204 人实际伤亡相比，这将至少减少 60% 的平民伤亡，甚至可能更多。

检查站决策树的接受度如何

德国陆军司令部在《从部署中学习》① 中强调了检查站决策树，这是一本有关培训及经验的机密月度内部通讯。司令部评估了该研究，认为其适用于广泛的情况，在这些情况下，军事行为包括了对是否升级武力的判定。此外，司令部还建议，将检查站决策树作为团队领导和任务指导教官的工具。我们认为，北约和其他一些参与维和行动的部队应将检查站决策树作为一种系统的决策辅助工具，它高度准确且易于应用。

《科学新闻》(*Science News*) 发表了一篇题为《士兵使用决策树可减少平民死亡》的报告后，一位读者表示了担心，他担心自杀式袭击者可能会尝试"耍弄"决策树。[15] 例如，袭击者可以先拼车，在决策树的第一层被归类为平民。这个担忧是合理的，对此也有合理的回应。

首先，在撰写这本书的时候，也就是《科学新闻》的报道发表 4 年多后，我们知道没有这种拼车行为。再者，拼车将自动地大大增加自杀式袭击者损失生命的可能，而不会增加他们造成的伤害。有人可能会争辩说，自杀式袭击者可以使用人体模型造成车上还有一名乘员的印象。为了防范这种可能的情况，士兵们可以接受一些训练，也许会通过使用高质量的红外视觉

① 原文为Aus dem Einsatz lernen，作者在文中给出英文参考名称 Learning from Deployment，译文以英译为准，译为《从部署中学习》。——译者注

辅助设备，以识别这种企图。

在下一节中，我们将带来现实情境中分类的第二个案例研究，这个研究的目的也是使用简单的规则来提高安全性。

狗与飞盘：金融监管快速节俭树

2012年8月31日，在英格兰银行负责金融稳定性的执行董事（后成为其首席经济学家）安德鲁·霍尔丹（Andrew Haldane），在怀俄明州（Wyoming）的杰克逊霍尔（Jackson Hole）举行的堪萨斯城联邦储备银行经济政策研讨会上发表了题为“狗与飞盘”的演讲。[16]狗和飞盘似乎不太可能对经济政策做出什么贡献，但是，就在这篇演讲发表几小时后，《华尔街日报》就在一篇博客中评论道，“人们……和市场……应该长久记住”霍尔丹的话，后来，该报又将其誉为年度演讲。[17]这是为什么呢？

霍尔丹的演讲呼应了本书的主题“如何使用简单的规则来解决复杂的问题”。狗接飞盘的方式与有经验的棒球运动员接球的方式大致相同，即调整自身的移动速度，以使得注视飞盘或球的角度保持不变。这与飞机迫降哈德逊河所使用的启发式相同。霍尔丹将这种启发式与金融监管进行了比较：

> 捕捉危机就像接飞盘一样困难。这需要监管机构权衡一系列复杂的金融因素和心理因素，其中包括创

> 新和风险偏好等等。然而，尽管存在这种复杂性，人们仍在不断升级捕捉危机的努力。那么，监管机构失败的秘密又是什么呢？答案很简单。或者说，答案是复杂性。本文要去探究的就是，为什么近几十年来发展起来的复杂监管可能不仅成本高昂，操作烦琐，而且对危机控制来说不是最理想的。在金融监管中，也许少即是多。[18]

霍尔丹指出，金融机构和监管机构遗漏了一些重要的东西。他们一直在使用金融理论的标准模型，这些模型依赖于已知的概率分布，对这些模型的适用性没有提出足够的问题。总的来说，银行家、金融经济学家以及监管者现在所使用的数学模型依赖于大量的参数，而这些参数需要在不确定性条件下去估算，而这些参数也不是着眼于提高透明度而开发的。因此，人们可能会怀疑这些模型在现实情境中可能不那么有效。风险数值模型声称以一个很高的“概率”（比如，99.9%）安全地估算出一个银行避免破产所需的资本。然而，它们并没有阻止116家大型全球银行（即2006年底，资产超过1000亿美元的银行）中的42家在随后发生的金融危机中倒闭。[19]投资银行高盛（Goldman Sachs）的首席财务官戴维·维尼亚尔（David Viniar）看到连续几天发生的二十五西格玛事件给公司造成巨大损失时，他简直不敢相信自己的眼睛。[20]按照这样的风险模型，从一万年前的最后一个冰河时期到现在，五西格玛事件预计会发生一次；

从宇宙大爆炸到现在，八西格玛事件只会发生一次；二十五西格玛事件则超出了人类的想象。问题不是运气不好，而是这些模型不适合应对不确定性。

我们去指责建模者太容易了。从更全面的角度来看，我们可以观察到一种主导趋势，即人们建立过于复杂和不透明的金融体系，又配上过于复杂和不透明的金融监管框架。[21]然而，事情不一定要这样。事实上，事情并非总是这样。为了更好地理解监管框架不断提升的复杂性，让我们数一下最著名的国际金融监管框架，即《巴塞尔协议》的三个版本都有多少页：《巴塞尔协议》第一版（1988）为较为适中的30页，《巴塞尔协议》第二版（2004）为347页，《巴塞尔协议》第三版（2010）达到了616页。

《巴塞尔协议》规定了什么？与我们讨论的内容有关的是，如何确定一家银行的资本需求量。在《巴塞尔协议》第一版中，条例都非常简单，关注的信用风险有限，条例适用于所有银行。然而，人们逐渐认为《巴塞尔协议》第一版对风险缺乏敏感性。在《巴塞尔协议》第二版中，银行可以使用自己的内部模型，这些模型根据每家银行的风险敞口①设计，允许越来越高的风险。同样地，这些模型变得在数学上更加灵活。朝向复杂性发展的趋势持续了近三十年。基于《巴塞尔协议》第三版，一家

① 银行风险敞口，指银行不能或没有被风险缓释措施覆盖的风险部分。——译者注

大型银行需要估算数以千计的风险值。由于这些风险相互关联，需要估算的参数数量可能达到数百万。

正如英格兰银行前行长默文·金（Mervyn King）的著名言论，如果银行是在赌场里赌博——人们常说银行在赌博，那么这些参数是可以估算出来的。但是，银行是在现实情境中经营。除其他因素外，新的不透明金融产品增加了不确定性，没人能预料这些产品将带来什么后果。一些分析师怀疑，把为已知风险的世界而设计的金融模型应用于现实情境中是 2008 年金融危机的原因之一。经济学家约瑟夫·斯蒂格利茨（Joseph Stiglitz）在危机后指出："一个有着几乎完美信息的世界与一个有着完美信息的世界并不十分相似。"[22]

为了应对风险，《巴塞尔协议》引入了更复杂的条例，创造了更多的不确定性。与此同时，监管机构允许每家银行使用自己的内部模型，并估算自己的数百万个参数，透明度也受到打击。

此外，正如霍尔丹在杰克逊霍尔的演讲中所分析的那样，《巴塞尔协议》的复杂性增强了对金融业的要求。2013 年，英国的银行被要求填写 7500 多个单元格的数据，以向金融监管机构提供所需信息。麦肯锡咨询公司（McKinsey & Company）的一项研究表明，一家中型的欧洲银行因此需要 200 个新的全职职位。[23] 相应地，英国金融监察员的数量也增加了近 40 倍，从 1980 年金融部门每 11000 人需要一个监察员，增加到 30 年后每 300 人需要一个监管员。政府和行业需要投资于数量惊人的新工作岗位，仅仅是为了跟上巴塞尔框架的变化。

人们对霍尔丹演讲的反应好坏参半。《卫报》(*Guardian*)一篇题为《金融与风险：我们知道的太多》的社论满怀希望地评论说，“金融经济学正退回到凯恩斯（Keynes）和哈耶克（Hayek）所熟悉的世界，即经济不确定性就是它本身，而不是被人数学化还当作可控风险错误地兜售”[24]。然而，经济学是否快要放弃不必要的复杂模型，我们还是完全不清楚。芬兰银行前行长埃尔基·利卡宁（Erkki Liikanen）在杰克逊霍尔对这篇演讲评论时，引用了这一说法：对于每个复杂的问题，都有一个明确、简单和错误的答案。利卡宁不过是和很多人的观点一样，还是将简单性和错误等同对待。

监管机构和银行家能否在不牺牲准确度的情况下抛弃当前某部分复杂性和不透明度？很少有人在这个问题下功夫。在这里，我们研究的是，有没有可能通过使用简单透明的模型来提前识别出濒临倒闭的银行。

怎样识别濒临倒闭的银行

中央银行任命一些专家（比如金融经济学家等）对商业银行进行监督。监管者的一项关键任务是，他们要将银行划分为是否处于“高”破产风险。被认定为高风险的银行应该受到更密切的监控，央行也会进行干预以避免银行的客户们损失他们的储蓄、员工们损失工资。

逻辑回归是国际货币基金组织（International Monetary Fund）等重量级金融机构在估算一家银行是否濒临倒闭时习惯使用的一种工具。决策者们（包括从政者和央行金融稳定性委员会成员等）在交谈时会用到回归估算的结果。这些结果也会向公众公布。

使用逻辑回归去估算有两个问题。首先，我们不太容易知道，回归能达到怎样令人满意的准确度，因为人们通常不会把它的准确度与其他可替代模型的准确度进行比较。因此，人们对回归的结果应该抱有多大的信心，这一点仍然不清楚。其次，许多信息接收者可能缺乏经济学或计量经济学背景，对他们来说，回归是不透明的，他们无法理解它，因此也不愿意依赖它。大多数决策者和从政者、医生一样，他们可能需要比逻辑回归更简单、更透明的模型。

英格兰银行的一个经济学家团队加上本书的两位作者格尔德·吉仁泽和康斯坦丁诺斯·V. 卡齐科普洛斯解决了这两个问题。[25] 他们收集了 2006 年底资产超过 1000 亿美元的 116 家全球银行的数据（另见第三章）。这一时期通常被认为是金融危机的开端。他们收集了每家银行的 11 个经济线索，如杠杆率和批发性融资水平。

数据来源包括银行的资产负债表、官方报告和证券市场的公开报告。在某些案例中，交叉检查需要修改数据。数据收集持续了有好几个月。危机过后，哪些银行倒闭而哪些没有倒闭等信息是已知的。

在接下来的内容中，我们将解释如何构建一个快速节俭的预测银行破产的决策树，然后，我们将对其预测准确度与一个更复杂地组合这些线索的方法（即逻辑回归）的预测准确度进行比较。

识别濒临倒闭的银行的快速节俭树

本节描述如何一步步使用从业者的方法构建识别濒临倒闭的银行决策树。这些步骤基本上与用于构建识别自杀式袭击者的快速节俭树（检查站决策树）的步骤相同，但也做了一些调整，以反映银行倒闭问题所具有的不同特征以及决策者提出的一些特殊要求。技术上的区别在于，从业者，也就是英格兰银行的经济学家，依赖于一些**探测数据分析**。[26]也就是说，分类的艺术与科学在此相结合。与推断统计不同，这种统计不试图计算假设的概率或优化估计器。相反，它试图通过检查集中趋势或离中趋势①的简单度量以及图形来提供对数据的洞察。

第一步：识别线索

最初，由英格兰银行经济学家苏吉特·卡帕迪亚（Sujit Kapadia）领导的从业者团队确定了 11 个可能有助于预测银行倒

① 集中趋势，反映一组数据中各数据所具有的共同趋势；离中趋势，指在数列中各个数值之间的差距和离散程度。——译者注

闭的线索。对于每一条线索，研究小组都考察了它在区分破产银行和未破产银行上的表现。然后，研究小组选择了一些少量的线索：杠杆率、基于市场的资本率以及贷存比。杠杆率是银行一级资本（比如来自普通股和公开储备的资本）与总资产的比率。总资产按计数法计算，不使用风险权重。基于市场的资本率是银行市值（银行已发行股票的市场价值）与其总资产的比率，其中总资产此时通过使用风险权重进行计算。第三条线索贷存比适用于银行的零售客户。这一线索优于那些与银行倒闭具有可比相关性的线索，比如批发性融资率，因为后者不容易准确地记录。

第二步：确定启发式

这些从业者建议使用快速节俭树作为监管者的决策辅助工具，这样做让那些可能导致银行破产的逻辑可以透明呈现。据说，这种透明度有助于利益相关者之间进行对话，特别是对于那些在经济学、计量经济学或其他定量学科方面没有深厚背景的人。

第三步：构建启发式

杠杆率线索放在了首位，这是因为它在区分破产银行和未破产银行时表现最好。英格兰银行的经济学家们认为，碰到一家银行杠杆率较低，那么这就指向一个出口，并且把这家银行归类为高破产风险的银行，因为它没有足够的资本。最能把破产银行和未破产银行进行区分的杠杆率阈值为 4.1。根据专家意见，团队将基于市场的资本率作为第二条线索。该线索阈值的拟合值为 16.8。根据有关杠杆率的逻辑，基于市场的资本率低于 16.8 指向一个出口，并且把这家银行归类为高风险银行。最后，第三条线索是零售客户贷存比，拟合阈值为 1.4。[27] 此决策树如图 6.4 所示。

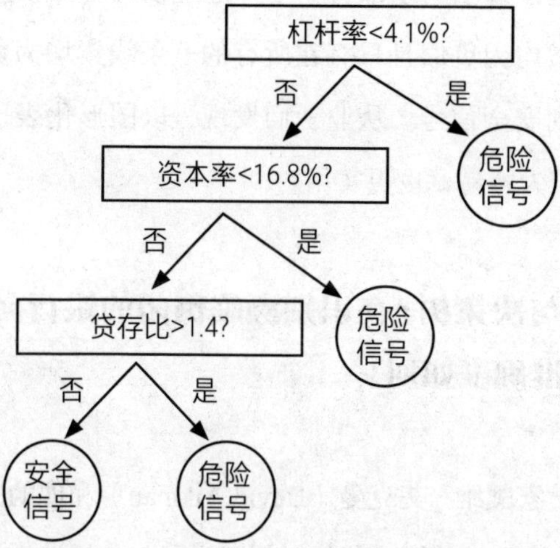

图6.4

用于识别某一银行是否具有高破产风险的快速节俭树，这个决策树是使用从业者的方法构建的。

让我们来看一下瑞士银行瑞银，这家银行需要瑞士当局大力支持以度过危机。2006 年底，该银行的杠杆率为 1.7%，这个数值应该会是一个危险信号。但是，该银行基于市场的资本率和贷存率又能够满足其他阈值。在回归模型中，低杠杆率总是能通过其他线索上足够好的值得到补偿。相比之下，快速节俭树是非补偿性的，也就是说，线索之间这样的权衡是不可能的。这一逻辑类似于复杂人体的运作：衰竭的心脏无法通过完美的肺和肾脏得到补偿。

请注意，图 6.4 中的快速节俭树也是可以表示为计数启发式的。原因是，每个问题都有一个“危险信号”出口。如果所有的三条线索均为负值且只有在所有的三条线索均为负值时，银行才会得到安全信号。从业者们发现，以图形化表现的决策树理解起来较为容易，也更实用。

回归与决策树：在识别濒临倒闭的银行问题上，它们的准确度如何

经济学家戴维·艾克曼（David Aikman）和他的同事们一起对图 6.4 中从业者的快速节俭树与逻辑回归、统计诱导的快速节俭树进行了比较。[28] 该研究排除了数据集中那些缺少线索值的银行，于是剩下了 74 家银行，其中 29 家最终倒闭，45 家没有倒闭。

统计诱导的快速节俭树通过交叉验证进行校准，其训练集由 70% 的银行组成，超过 1000 次的重复。这样的快速节俭树共 20 个，它们具有不同的线索顺序和出口结构。每个树都对应着参数 w 的不同值，w 表示误报和命中的相对权重，它用于决定线索的顺序和每条线索的预测，如下所示：线索的亏损等于

w Pr[误报]–（1–w）Pr[命中]，其中 w = 0.05，0.1，⋯，0.95。对于每个 w，线索按其亏损的递增顺序排列，选择节点中的预测（安全信号和危险信号），以最小化整个决策树的亏损。20 个回归也以与统计诱导的快速节俭树相同的方式进行了校准。唯一的区别是，每个回归都包含一个额外的参数 t，t 将回归的输出（银行倒闭的概率 p）转换为一个二元的判断，如下所示：如果 p > t，则银行具有高倒闭风险，否则不具有高倒闭风险。

图 6.4 中的树实现了 86% 的命中率和 53% 的误报率。换句话说，这个快速节俭树正确地把最终倒闭的 29 家银行中的 25 家归类为高倒闭风险，且错误地将 45 家未倒闭的银行中的 24 家归类为高倒闭风险。没有一种逻辑回归能够同时达到比快速节俭树更好的命中率和误报率，例如，如果任一回归能对 29 家倒闭银行中的 25 家以上进行正确分类，则其对 45 家未倒闭银行中的 24 家以上进行错误分类。统计诱导的快速节俭树也是如此。也就是说，没有统计诱导的模型表现优于从业者方法构建的树。

图 6.5 体现了这三种方法的表现。十字表示使用从业者方法构建的快速节俭树（图 6.4），正方形表示统计的快速节俭树，圆圈表示逻辑回归。没有点落在从业者决策树的左侧和上方。

如图 6.5 所示，对于较小的命中率和误报率，回归和统计诱导决策树的预测准确度相似，而对于较高的值，快速节俭树始终有较高的准确度。对于统计诱导的快速节俭树，曲线下方的面积等于 0.75，对于逻辑回归，曲线下方的面积等于 0.72。“透明满足准确”的原则在这里也在发挥作用。

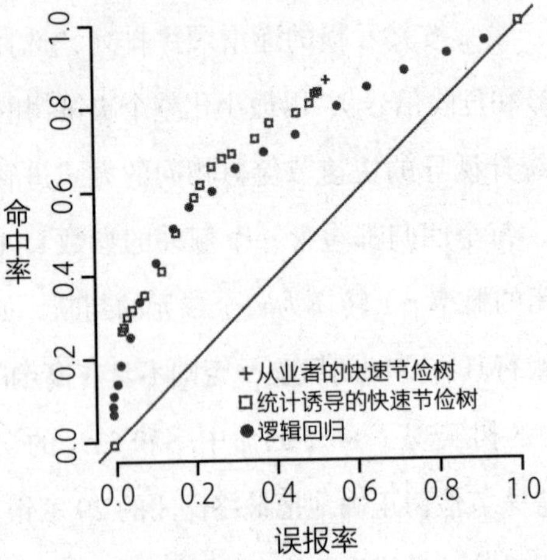

图 6.5

采用从业者方法构建的快速节俭树、逻辑回归与统计诱导的快速节俭树之间预测准确度的对比。

快速节俭的监管

在前一章节中，我们证明了快速节俭树预测的表现，可以和标准的经济学工具（如逻辑回归）一样好，有时甚至表现要更好。然而，图 6.4 中决策树的阈值是针对某一特定时期的某一特定银行群体估算的。因为银行是在现实情境中经营的，所以这些阈值不太可能适用于其他人群和其他的时间段。要将预测的决策树转变为监管的决策树，我们需要在阈值中添加一个安全系数。这类似于土木工程师在计算桥梁的安全特性，然后为了实际施工考虑将其加倍。

与我们合作的从业者们建议，杠杆率阈值为10%，基于市场的资本率阈值为20%。10%的杠杆率将带来很大的安全边际，默文·金（Mervyn King）也建议这个数字。在上述数据集中，这一安全边际将为2008年金融危机开始时所有受调查的大型全球银行发出危险信号。贯彻使用这一安全边际，不仅能让银行废弃《巴塞尔协议》第三版要求它们递交的大部分文件，还可以让压力测试成为过去式。尽管如此大的安全边际可能会遭到银行的抵制——它们从低资本中获利，但值得一提的是，保护公众应该优先于投资银行家的金融利益。[29]

有些银行说客反对简单透明的监管，他们认为，简单的规则很容易被银行玩弄。诚然，简单的规则会被人玩弄，这就像每一条监管条例也会被人玩弄一样。事实上，现有的复杂规则已经被银行玩弄了：监管条例日益复杂，这使得人们更容易发现漏洞、曲解风险评估。所有这些都导向非生产性的活动，比如银行家和监管者变相增加复杂性。与复杂的监管不同，人们更容易发现对简单规则的玩弄并予以反击。

提高安全性需要更简单的规则

检查站决策树和银行监管，它们是我们试图在现实情境中保持安全的例子。在真实的情境中，复杂的情况需要的是十分简单的规则，而不是过于复杂的规则。对于士兵们来说，快速节俭树为他们的行动提供了一个系统性指南。这个检查站决策树很容易就能教会大家，也容易记忆，情况危急时可迅速地照着做。它将士兵造成的伤亡减少 60%，甚至更多，从而挽救许多平民的生命。银行监管案例的不同之处在于，现行已有监管框架，然而该框架过于复杂，它还允许银行使用内部模型来估算成千上万的风险系数和数百万个相关量来计算其风险价值，从而确定其所需资本。鉴于这种复杂性，监管机构几乎不可能评估这些估算是否正确，银行也有动机去曲解这些估算，以便它们只需要拥有尽可能少的资本。尽管监管机构和政客们等等未能阻止 2008 年的金融危机，但他们仍然坚持这样的信念，即复杂局势需要复杂的解决方案。然而，正如我们所看到的，微调和优化方法在现实情境中并不奏效；相反，使用它们让系统变得脆弱，给人一种确定性的幻觉。

在高度互联的金融世界中，快速节俭决策树并不是唯一能保障安全的简单规则。回想一下“不要买你不懂的金融产品”这条规则。[30] 如果大西洋两岸的所有人在危机发生之前都遵守了这一规则，那么危机就不会蔓延到如今这样的程度。这一规则指的是金融衍生产品和其他一些复杂的金融工具，投资人沃伦·巴菲特（Warren Buffett）在 2003 年已经将它们称为“大规模杀伤性武器”。另一条有用的规则来自前交易员纳西姆·塔勒布（Nassim Taleb）：“只信任在游戏中有皮肤的人。”[31] 在投资方面，这意味着把你的钱托付给那些也投资了自己的钱的银行家，比如家族银行。家族银行会为下一代规划，而不是下个季度的报告，它们也几乎没有动机以长期亏损为代价赚取短期利润。在不确定性的情况下，简单规则可以在复杂的监管行为失效的情况下提供安全性。

注 释

1. 引自杰弗里·斯基尔斯（Jeffrey Skiles）在2009年2月10日接受查利·罗斯（Charlie Rose）访问时所说的内容，https://charlierose .com/videos/14176?autoplay=true。
2. Gerd Gigerenzer, *Gut Feelings: The Intelligence of the Unconscious* (New York: Penguin, 2007); Robert P. Hamlin, "The Gaze Heuristic: Biography of an Adaptively Rational Decision Process," *Topics in Cognitive Science* 9, no. 2 (2017): 264–288.
3. Kim Sterelny, *Thought in a Hostile World: The Evolution of Human Cognition* (Hoboken, NJ: Wiley Blackwell, 2003).
4. Laurie R. Blank and Amos N. Guiora, "Updating the Commander's Toolbox: New Tools for Operationalizing the Law of Armed Conflict," *Prism* 1, no. 3 (2010): 59–78.
5. Sarah Holewinski, "Escalation of Force: The Civilian Perspective," in *Escalation of Force Handbook* (Fort Leavenworth, KS: Center for Army Lessons Learned, 2007), 81–82.
6. Blank and Guiora, "Updating the Commander's Toolbox."
7. "Petraeus Issues New Directive for Troops in Afghanistan," CNN.com, August 4, 2010, https://www.cnn.com/2010/WORLD/asiapcf/08/04/afghanistan.petraeus /index.html.
8. 比如在空袭等近距离空中支援中，阿富汗平民伤亡人数从2009

年359人减少为2010年170人以及2011年187人，请参见United Nations Assistance Mission to Afghanistan, *Human Rights' Group Annual Report on the Protection of Civilians in Armed Conflict* (Kabul, Afghanistan, 2012)。

9. Derek I. Grimes et al., *Operational Law Handbook* (Charlottesville, VA: International and Operational Law Department, Judge Advocate General's Legal Center and School, 2006).
10. Niklas Keller and Konstantinos V. Katsikopoulos, "On the Role of Psychological Heuristics in Operational Research; and a Demonstration in Military Stability Operations," *European Journal of Operational Research* 249, no. 3 (2016): 1063–1073.
11. Keller and Katsikopoulos, "On the Role of Psychological Heuristics."
12. Randall Bagwell, "The Threat Assessment Process," *Army Lawyer*, Department of the Army pamphlet 27-50-419 (2008), 5–16.
13. Nancy Montgomery, "U.S. Seeks to Reduce Civilian Deaths at Iraq Check-points," *Stars and Stripes*, March 18, 2006.
14. 相关数据在2010年的维基解密网站上可短暂获取，*Afghanistan War Diaries*, http://wikileaks.org/wiki/Afghan_War_Diary,_2004-2010。访问于2010年7月29日。
15. Bruce Bower, "Decision Tree for Soldiers Could Reduce Civilian Deaths," *Science News*, August10, 2015, https://www.sciencenews.org/article/decision-tree-soldiers-could-reduce-civilian-deaths.
16. Andrew G. Haldane, "The Dog and the Frisbee," https://www.bis.org/review/ r120905a.pdf.
17. Jason Zweig, "The Jackson Hole Speech People Should Long Remember," *Wall Street Journal*, August 31, 2012, https://blogs.wsj.com/totalreturn/2012/08/31/the-jackson-hole-speech-people-should-

long-remember.

18. Andrew G. Haldane and Vasileios Madouros, "The Dog and the Frisbee," *Revista de Economia Institucional,* no. 14 (2012): 109–110.
19. David Aikman et al., "Taking Uncertainty Seriously: Simplicity versus Complexity in Financial Regulation," *Industrial and Corporate Change*, in press.
20. Peter Thal Larsen, "Goldman Pays the Price of Being Big," *Financial Times*, March 13, 2007.
21. Anat Admati and Martin Hellwig, *The Bankers' New Clothes: What's Wrong with Banking and What to Do about It* (Princeton, NJ: Princeton University Press, 2014).
22. Joseph E. Stiglitz, *Freefall: America, Free Markets, and the Sinking of the World Economy* (New York: W. W. Norton, 2010).
23. Philipp Härle et al., "Basel III and European Banking: Its Impact, How Banks Might Respond, and the Challenges of Implementation," *EMEA Banking* (2010): 16–17.
24. "Finance and Risk: On Knowing Too Much," *Guardian*, September 9, 2012, https://www.theguardian.com/commentisfree/2012/sep/09/finance-risk-knowing-too-much.
25. Aikman et al., "Taking Uncertainty Seriously."
26. John Wilder Tukey, *Exploratory Data Analysis* (Boston, MA: Addison-Wesley, 1970).
27. 为每个线索选择阈值以使该线索的Pr[误报]–Pr[命中]值最小。
28. Aikman et al., "Taking Uncertainty Seriously."
29. Admati and Hellwig, *The Bankers' New Clothes*; William P. Forbes, Aloysius Obinna Igboekwu, and Shabnam Mousavi, *A Fast and Frugal Finance: Bridging Contemporary Behavioral Finance and*

Ecological Rationality (Cambridge: Academic Press, 2019); John Kay and Mervyn King, *Radical Uncertainty: Decision-Making Beyond the Numbers* (New York: W. W. Norton, 2020).

30. Gerd Gigerenzer, "The Heuristics Revolution: Rethinking the Role of Uncertainty in Finance," in *The Behavioral Finance Revolution: A New Approach to Financial Policies and Regulations*, ed. Riccardo Viale et al. (Cheltenham: Edward Elgar, 2018), 115–134.
31. Nassim Nicholas Taleb, *Skin in the Game: Hidden Asymmetries in Daily Life* (New York: Allen Lane, 2018).

第七章

总　结

CONCLUSIONS

> 我可以与不确定、不知道共存。我觉得比起知道可能是错的答案，不知道反而更加有趣。
>
> ——理查德·费曼

我们写这本书，反对的是这样一种普遍的观念，即复杂的分类方法总是更好，更多的数据总是导致更高的准确性。尽管在确定的和完全控制的情况下（未来与过去相似），这种观念是正确的，但是在不确定的和缺乏控制的情况下，这种观念就不见得成立了。在这样的情况下，简单的规则可以根据较少的信息进行更准确的预测，并且，简单的规则更加透明、更易懂，以便启动操作。我们在书中使用了实验室和现实情境作为对这两种情况的简要表达，现实世界的许多情况会同时具有两者的成分。

本书一个重要的观点就是，简单的规则在现实情境中表现良好。**不稳定世界原则**主张，如果未来以不可预测的方式不同于过去，那么就采用简单规则。正如我们在书中所见到的，表现良好有多重含义。首先，分类过程要透明，也就是说，用户应该能够理解、记忆、教授和执行分类规则。长期以来，机器学习和认知心理学都没有认真对待透明度的问题。研究人员过去专注于准确度。人们认为，科学的目标是找到能够更好地拟合或预测极小量的高度复杂模型，大家假设这些微调的解决方案在情况变化时的表现还是稳健的。随着我们向着可理解的人工智能发展，且《通用数据保护条例》声明了欧洲居民有关可解释性算法的权利，人们对这种态度表示怀疑。公民已经开始主张去了解为什么算法将他们归类为不值得批准贷款、得到工作、受到高等教育或获批假释的权利。透明度本身就是一个关键值。

其次，透明度和准确度并不相互排斥，实际上它们可以兼容。在不确定的情况下，简单透明的规则往往会提高准确度，我们称之为“透明满足准确”原则。一定程度的简单性可以提高预测准确度的原因，通过偏差-方差困境可以说明。然而，这种见解尚未得到普遍认可，特别是，学术研究界只是将分类规则应用于数据，而不对分类规则进行预测测试。在数据拟合中，复杂性总是胜出。因此，所有分类规则的测试都需要通过预测来表现，最好是进行总体外预测，而不是通过数据拟合来表现，而且，应该把复杂模型与简单规则进行比较。

最后，这些概念存在于更大的社会背景中。简单的规则可以支持公民，帮助他们变得更加自主。这可以包括简单的营养规则，例如“奶奶认为不是食物的东西就不要吃”“电视上做广告的食品不要买”。[1]为人们提供这些规则，可以帮助人们对他们吃下去的食物进行分类，引领他们从肥胖流行病中走出来，甚至一开始就保障不会得病。同样，学校可以教授简单的金融投资规则，这样，人们在很小的时候就可以学会评估他们日后面临的风险和机会，从而更好地管理自己的资金。[2] 总之，人们可以轻松记住以及遵循简单的规则，这些规则可以为他们提供有效的工具来实现自我赋权。赋予人类权力是机器学习哲学的一个重要目标，这比单纯增强算法更加意义重大。[3]

本书汇集了机器学习和认知心理学的思想。在数字时代，现实的情境正在迅速变成一个算法的世界、一个日益复杂的世界。为了掌握这个新世界，机器学习可以向心理学学习，反之亦然。人类大脑的进化就是为了处理大自然和人类造成的现实情境和不确定性。大脑可以使用快速节俭树启发式驯服不确定性，这些启发式可以为机器学习提供具体的灵感。而我们在本书分享的领悟就是，我们可以让算法同时做到简单、易懂且准确。

注 释

1. Michael Pollan, *Food Rules: An Eater's Manual* (New York: Penguin, 2009).
2. Gerd Gigerenzer, *Risk Savvy: How to Make Good Decisions* (New York: Viking, 2014).
3. 也可参见Cynthia Rudin, “The Problem with Black Boxes,” TWIML Talk no. 290 (podcast), August 12, 2019, https://twimlai.com/twiml-talk-290-the-problem-with-black-boxes-with-cynthia-rudin。

参考文献

Admati, Anat, and Martin Hellwig. *The Bankers' New Clothes: What's Wrong with Banking and What to Do about It*. Princeton, NJ: Princeton University Press, 2014.

Aikman, David, Mirta Galesic, Gerd Gigerenzer, Sujit Kapadia, Konstantinos V. Katsikopoulos, Amit Kothiyal, Emma Murphy, and Tobias Neumann. "Taking Uncertainty Seriously: Simplicity versus Complexity in Financial Regulation." *Industrial and Corporate Change*, in press.

Allen, Michael. "Preschool Children's Taxonomic Knowledge of Animal Species." *Journal of Research in Science Teaching* 52, no. 1 (2015): 107–134.

Almeida, Tiago A., José M. G. Hidalgo, and Akebo Yamakami. "Contributions to the Study of SMS Spam Filtering: New Collection and Results." *Proceedings of the 11th ACM Symposium on Document Engineering* (2011): 259–262.

Anderson, John R., and Lael J. Schooler. "Reflections of the Environment in Memory." *Psychological Science* 2, no. 6 (1991): 396–408.

Antman, Elliott M., Marc Cohen, Peter J. L. M. Bernink, Carolyn H. McCabe, Thomas Horacek, et al. "The TIMI Risk Score for Unstable

Angina/Non-ST Elevation MI: A Method for Prognostication and Therapeutic Decision Making." *Journal of the American Medical Association* 284, no. 7 (2000): 835–842.

Artinger, Florian, Nikita Kozodi, Florian von Wangenheim, and Gerd Gigerenzer. "Recency: Prediction with Smart Data." In *2018 AMA Winter Academic Conference: Integrating Paradigms in a World Where Marketing Is Everywhere*, ed. Jacob Goldenberg, Juliano Laran, and Andrew Stephen, 2–6. Chicago: American Marketing Association, 2018.

Ashby, Gregory F., and Leola A. Alfonso-Reese. "Categorization as Probability Density Estimation." *Journal of Mathematical Psychology* 39, no. 2 (1995): 216–233.

Åstebro, Thomas, and Samir Elhedhli. "The Effectiveness of Simple Decision Heuristics: Forecasting Commercial Success for Early-Stage Ventures." *Management Science* 52, no. 3 (2006): 395–409.

Backlund, Lars G., Johan Bring, Ylva Skånér, Lars-Erik Strender, and Henry Montgomery "Improving Fast and Frugal Modeling in Relation to Regression Analysis: Test of 3 Models for Medical Decision Making." Medical Decision Making 29, no. 1 (2009): 140–148.

Bagwell, Randall. "The Threat Assessment Process." Army Lawyer. Department of the Army pamphlet 27-50-419 (2008), 5–16.

Baucells, Manel, Juan A. Carrasco, and Robin M. Hogarth. "Cumulative Dominance and Heuristic Performance in Binary Multiattribute Choice." Operations Research 56, no. 5 (2008): 1289–1304.

Bishop, Michael A., and John D. Trout. Epistemology and the Psychology of Human Judgment. New York: Oxford University Press, 2005.

Blank, Laurie R., and Amos N. Guiora. "Updating the Commander's Toolbox: New Tools for Operationalizing the Law of Armed Conflict." Prism 1, no. 3 (2010): 59–78.

Breiman, Leo. "Statistical Modeling: The Two Cultures (with Comments and a Rejoinder by the Author)." Statistical Science 16, no. 3 (2001): 199–231.

Breiman, Leo, Jerome Friedman, Charles J. Stone, and Richard A. Olshen. Classification and Regression Trees. Boca Raton, FL: CRC Press, 1984.

Brown, Thomas. Lectures on the Philosophy of the Human Mind. London: William Tait, 1838.

Bröder, Arndt. "The Quest for Take-the-Best." In Ecological Rationality: Intelligence in the World, ed. Peter M. Todd, Gerd Gigerenzer, and the ABC Research Group, 216–240. New York: Oxford University Press, 2012.

Bruner, Jerome S., Jacqueline J. Goodnow, and George A. Austin. A Study of Thinking. New York: John Wiley and Sons, 1956.

Buckmann, Marcus, and Özgür Şimşek. "Decision Heuristics for Comparison: How Good Are They?" Proceedings of the NIPS 2016 Workshop on Imperfect Decision Makers, in PMLR 58 (2017): 1–11.

Buckmann, Marcus, and Özgür Şimşek. Learning Interpretable Models. Berlin: Working Paper, 2019.

Busemeyer, Jerome R., and Adele Diederich. Cognitive Modeling. Thousand Oaks, CA: Sage, 2014.

Chevaleyre, Yann, Frédéric Koriche, and Jean- Daniel Zucker. "Rounding Methods for Discrete Linear Classification." In Proceedings of the 30th International Conference on International Conference on Machine Learning, 651–659 (Atlanta: JMLR.org, 2013).

Chou, Roger, Laurie Hoyt Huffman, Rongwei Fu, Ariel K. Smits, and P. Todd Korthuis. "Screening for HIV: A Review of the Evidence for the US Preventive Services Task Force." *Annals of Internal Medicine* 143, no. 1 (2005): 55–73.

Cohen, Andrew L., and Robert M. Nosofsky. "An Extension of the

Exemplar-Based Random-Walk Model to Separable-Dimension Stimuli." *Journal of Mathematical Psychology* 47, no. 2 (2003): 150–165.

Cohen, William H. "Fast Effective Rule Induction." In *Proceedings of the Twelfth International Conference on Machine Learning*, 115–123 (New York: ACM, 1995).

Converse, Philip E. "The Nature of Belief Systems in Mass Publics." In *Ideology and Discontent*, ed. David Apter, 206–261. New York: Free Press, 1964.

Cook, Louis. "The World Trade Center Attack: The Paramedic Response; An Insider's View." *Critical Care* 5, no. 6 (2001): 301–303.

Cook, Samantha, Corrie Conrad, Ashley L. Fowlkes, and Matthew H. Mohebbi. "Assessing Google Flu Trends Performance in the United States during the 2009 Influenza Virus A (H1N1) Pandemic." *PloS One* 6, no. 8 (2011): e23610.

Czerlinski, Jean, Gerd Gigerenzer, and Daniel G. Goldstein. "How Good Are Simple Heuristics?" In *Simple Heuristics That Make Us Smart*, by Gerd Gigerenzer, Peter M. Todd, and the ABC Research Group, 97–118. New York: Oxford University Press, 1999.

Dantzig, Tobias. *Number, the Language of Science: A Critical Survey Written for the Cultured Non-Mathematician*. London: Penguin, 1954.

Davies, Nathan, Jill Manthorpe, Elizabeth L. Sampson, Kethakie Lamahewa, Jane Wilcock, Rammya Mathew, and Steve Iliffe. "Guiding Practitioners through End of Life Care for People with Dementia: The Use of Heuristics." *PLOS One* 13, no. 11 (2018): e0206422.

Dawes, Robyn M. "The Robust Beauty of Improper Linear Models in Decision Making." *American Psychologist* 34, no. 7 (1979): 571–582.

Dawes, Robyn M., and Bernard Corrigan. "Linear Models in Decision Making." *Psychological Bulletin* 81, no. 2 (1974): 95–106.

Dawson, Robert J. MacG. "The 'Unusual Episode' Data Revisited." *Journal of Statistics Education* 3, no. 3 (1995).

DeMiguel, Victor, Lorenzo Garlappi, and Raman Uppal. "Optimal versus Naïve Diversification: How Inefficient Is the 1/N Portfolio Strategy?" *Review of Financial Studies* 22, no. 5 (2007): 1915–1953.

Dhami, Mandeep K. "Psychological Models of Professional Decision Making." *Psychological Science* 14, no. 2 (2003): 175–180.

Dhami, Mandeep K., and Peter Ayton. "Bailing and Jailing the Fast and Frugal Way." *Journal of Behavioral Decision Making* 14, no. 2 (2001): 141–168.

Dhami, Mandeep K., and Clare Harries. "Information Search in Heuristic Decision Making." *Applied Cognitive Psychology: The Official Journal of the Society for Applied Research in Memory and Cognition* 24, no. 4 (2010): 571–586.

Djulbegovic, Benjamin, Iztok Hozo, and William Dale. "Transforming Clinical Practice Guidelines and Clinical Pathways into Fast-and-Frugal Decision Trees to Improve Clinical Care Strategies." *Journal of Evaluation in Clinical Practice* 24, no. 5 (2018): 1247–1254.

Douglas, Vanja C., Christine S. Hessler, Gurpreet Dhaliwal, John P. Betjemann, Keiko A. Fukuda, Lama R. Alameddine, Rachael Lucatorto, et al. "The AWOL Tool: Derivation and Validation of a Delirium Prediction Rule." *Journal of Hospital Medicine* 8, no. 9 (2013): 493–499.

Doyle, Nora M., Judy E. Levinson, and Michael O. Gardner. "Rapid versus Enzyme-Linked Immunosorbent Assay Screening in a Low-Risk Mexican American Population Presenting in Labor: A Cost-Effectiveness Analysis." *American Journal of Obstetrics and Gynecology* 193, no. 5 (2005): 1280–1285.

Dressel, Julia, and Hany Farid. "The Accuracy, Fairness, and Limits of

Predicting Recidivism." *Science Advances* 4, no. 1 (2018): eaao5580.

Dyson, Freeman. "A Meeting with Enrico Fermi." *Nature* 427 (January 2004): 297.

Einhorn, Hillel J., and Robin M. Hogarth. "Unit Weighting Schemes for Decision Making." *Organizational Behavior and Human Performance* 13, no. 2 (1975): 171–192.

Estes, William K. *Classification and Cognition*. New York: Oxford University Press, 1994.

Esteva, Andre, Brett Kuprel, Roberto A. Novoa, Justin Ko, Susan M. Swetter, Helen M. Blau, and Sebastian Thrun. "Dermatologist-Level Classification of Skin Cancer with Deep Neural Networks." *Nature* 542, no. 7639 (2017): 115.

Federal Bureau of Investigation. *FBI Criminal Justice Information Services 2016 Annual Report*. 2016.

Ferguson, Neal M., Derek A. T. Cummings, Simon Cauchemez, Christophe Fraser, Steven Riley, Aronrag Meeyai, et al. "Strategies for Containing an Emerging Influenza Pandemic in Southeast Asia." *Nature* 437, no. 7056 (2005): 209–214.

Fernández-Delgado, Manuel, Eva Cernadas, Senén Barro, and Dinani Amorim. "Do We Need Hundreds of Classifiers to Solve Real World Classification Problems?" *Journal of Machine Learning Research* 15, no. 1 (2014): 3133–3181.

Fific, Mario, Daniel R. Little, and Robert M. Nosofsky. "Logical-Rule Models of Classification Response Times: A Synthesis of Mental-Architecture, Random-Walk, and Decision-Bound Approaches." *Psychological Review* 117, no. 2 (2010): 309–348.

Fischer, Joachim E., Felicitas Steiner, Franziska Zucol, Christoph Berger, Laura Martignon, Walter Bossart, Martin Altwegg, and David Nadal. "Use of Simple Heuristics to Target Macrolide Prescription in Children with Community-Acquired Pneumonia." *Archives of Pediatrics and Adolescent Medicine* 156, no. 10 (2002): 1005–1008.

Forbes, William P., Aloysius Obinna Igboekwu, and Shabnam Mousavi. *A Fast and Frugal Finance: Bridging Contemporary Behavioral Finance and Ecological Rationality.* Cambridge: Academic Press, 2019.

Ford, Kevin J., Neal Schmitt, Susan L. Schechtman, Brian M. Hults, and Mary L. Doherty. "Process Tracing Methods: Contributions, Problems, and Neglected Research Questions." *Organizational Behavior and Human Decision Processes* 43, no. 1 (1989): 75–117.

Geman, Stuart, Elie Bienenstock, and René Doursat. "Neural Networks and the Bias/Variance Dilemma." *Neural Computation* 4, no. 1 (1992): 1–58.

German Advisory Council for Consumer Affairs. *Consumer-Friendly Scoring*. 2019.

Gigerenzer, Gerd. "The Bias Bias in Behavioral Economics." *Review of Behavioral Economics*, no. 5 (2018): 303–336.

Gigerenzer, Gerd. *Calculated Risk: How to Know When Numbers Deceive You*. New York: Simon and Schuster, 2002.

Gigerenzer, Gerd. "From Tools to Theories: A Heuristic of Discovery in Cognitive Psychology." *Psychological Review* 98, no. 2 (1991): 254–267.

Gigerenzer, Gerd. *Gut Feelings: The Intelligence of the Unconscious*. New York: Penguin, 2007.

Gigerenzer, Gerd. "The Heuristics Revolution: Rethinking the Role of Uncertainty in Finance." In *The Behavioral Finance Revolution: A New Approach to Financial Policies and Regulations*, ed. Riccardo Viale, Shabnam Mousavi, Barbara Alemanni, and Umberto Filotto, 115–134. Cheltenham: Edward Elgar, 2018.

Gigerenzer, Gerd. "Ideas in Exile: The Struggles of an Upright Man." In

The Essential Brunswik: Beginnings, Explications, Applications, ed. Kenneth R. Hammond and Tom R. Stewart, 445–452. Oxford: Oxford University Press, 2001.

Gigerenzer, Gerd. *Risk Savvy: How to Make Good Decisions*. New York: Viking, 2014.

Gigerenzer, Gerd. "What Is Bounded Rationality?" In *Routledge Handbook of Bounded Rationality*, ed. Riccardo Viale. London: Routledge, in press.

Gigerenzer, Gerd, and Henry Brighton. "Homo Heuristicus: Why Biased Minds Make Better Inferences." *Topics in Cognitive Science* 1, no. 1 (2009): 107–143.

Gigerenzer, Gerd, and Daniel G. Goldstein. "Reasoning the Fast and Frugal Way: Models of Bounded Rationality." *Psychological Review*, no. 103 (1996): 650–669.

Gigerenzer, Gerd, Ralph Hertwig, and Thorsten Pachur, eds. *Heuristics: The Foundations of Adaptive Behavior*. New York: Oxford University Press, 2011.

Gigerenzer, Gerd, and David J. Murray. *Cognition as Intuitive Statistics*. London: Psychology Press, 2015.

Gigerenzer, Gerd, and Reinhard Selten, eds. *Bounded Rationality: The Adaptive Toolbox*. Cambridge, MA: MIT Press, 2001.

Gigerenzer, Gerd, and Thomas Sturm. "How (Far) Can Rationality Be Naturalized?" *Synthese*, no. 187 (2012): 243–268.

Gigerenzer, Gerd, Peter M. Todd, and the ABC Research Group. *Simple Heuristics That Make Us Smart*. New York: Oxford University Press, 1999.

Ginsberg, Jeremy, Matthew H. Mohebbi, Rajan S. Patel, Lynnette Brammer, Mark S. Smolinski, and Larry Brilliant. "Detecting Influenza Epidemics Using Search Engine Query Data." *Nature* 457, no. 7232

(2009): 1012–1014.

Glymour, Clark. "Osiander's Psychology." *Behavioral and Brain Sciences* 34, no. 4 (2011): 200.

Goel, Sharad, Jake M. Hofman, Sébastien Lahaie, David M. Pennock, and Duncan J. Watts. "Predicting Consumer Behavior with Web Search." *Proceedings of the National Academy of Sciences* 107, no. 41 (2010): 17486–17490.

Green, Lee, and David R. Mehr. "What Alters Physicians' Decisions to Admit to the Coronary Care Unit?" *Journal of Family Practice* 45, no. 3 (1997): 219–226.

Gregg, Lee W., and Herbert A. Simon. "Process Models and Stochastic Theories of Simple Concept Formation." *Journal of Mathematical Psychology* 4, no. 2 (1967): 246–276.

Grimes, Derek I., John Rawcliffe, Jeannine Smith, LTC Eugene Baime, LTC Michael Benjamin, MAJ James Dorn, MAJ Chris Fredrikson, et al. *Operational Law Handbook*. Charlottesville, VA: International and Operational Law Department, Judge Advocate General's Legal Center and School, 2006.

Haldane, Andrew G., and Vasileios Madouros. "The Dog and the Frisbee." *Revista de Economia Institucional*, no. 14 (2012): 109–110.

Hamlin, Robert P. "The Gaze Heuristic: Biography of an Adaptively Rational Decision Process." *Topics in Cognitive Science* 9, no. 2 (2017): 264–288.

Hammond, D. "The Effects of Remand." *Prison Service Journal*, no. 69 (1988): 19.

Härle, Philipp, Erik Lüders, Theo Pepanides, Sonja Pfetsch, Thomas Poppensieker, and Uwe Stegemann. "Basel III and European Banking: Its Impact, How Banks Might Respond, and the Challenges of Implementation." McKinsey Working Papers on Risk no. 26 (November

2010).

Hertwig, Ralph, Jennifer Nerissa Davis, and Frank J. Sulloway. "Parental Investment: How an Equity Motive Can Produce Inequality." *Psychological Bulletin* 128, no. 5 (2002): 728–745.

Hertwig, Ralph, Ulrich Hoffrage, and the ABC Research Group. *Simple Heuristics in a Social World*. New York: Oxford University Press, 2013.

Hertwig, Ralph, Timothy J. Pleskac, Thorsten Pachur, and the Center for Adaptive Rationality. *Taming Uncertainty*. Cambridge, MA: MIT Press, 2019.

Hogarth, Robin M. "When Simple Is Hard to Accept." In *Ecological Rationality: Intelligence in the World*, by Peter M. Todd, Gerd Gigerenzer, and the ABC Research Group, 61–79. New York: Oxford University Press, 2012.

Holewinski, Sarah. "Escalation of Force: The Civilian Perspective." In *Escalation of Force Handbook*, 81–82. Fort Leavenworth, KS: Center for Army Lessons Learned, 2007.

Human Rights Watch. *China: Police "Big Data" Systems Violate Privacy, Target Dissent*. 2017.

Hunter, David A. "The Conservation and Demography of the Southern Corroboree Frog." MA thesis, University of Canberra, 2000.

Hutchinson, John M. C., and Gerd Gigerenzer. "Simple Heuristics and Rules of Thumb: Where Psychologists and Behavioural Biologists Might Meet." *Behavioural Processes* 69, no. 2 (2005): 97–124.

Jenny, Mirjam A., Niklas Keller, and Gerd Gigerenzer. "Assessing Minimal Medical Statistical Literacy Using the Quick Risk Test: A Prospective Observational Study in Germany." *British Medical Journal Open* 8, no. 8 (2018): e020847.

Jenny, Mirjam A., Thorsten Pachur, S. Lloyd Williams, Eni Becker, and Jürgen Margraf. "Simple Rules for Detecting Depression." *Journal of*

Applied Research in Memory and Cognition 2, no. 3 (2013): 149–157.

Karaliopoulos, Merkourios, Konstantinos V. Katsikopoulos, and Lambros Lambrinos. "Bounded Rationality Can Make Parking Search More Efficient: The Power of Lexicographic Heuristics." *Transportation Research Part B: Methodological* 101 (2017): 28–50.

Karaliopoulos, Merkourios, and Iordanis Koutsopoulos. "Mobile App User Choice Engineering Using Behavioral Science Models." In *2018 IEEE 19th International Workshop on Signal Processing Advances in Wireless Communications* (Piscataway: IEEE, 2018): 1–5.

Katsikopoulos, Konstantinos V. "How to Model It: Review of 'Cognitive Modeling.'" *Journal of Mathematical Psychology* 55, no. 2 (2011): 198–201.

Katsikopoulos, Konstantinos V. "Psychological Heuristics for Making Inferences: Definition, Performance, and the Emerging Theory and Practice." *Decision Analysis* 8, no. 1 (2011): 10–29.

Katsikopoulos, Konstantinos V., Ian N. Durbach, and Theodor J. Stewart. "When Should We Use Simple Decision Models? A Synthesis of Various Research Strands." *Omega* 81 (2018): 17–25.

Katsikopoulos, Konstantinos V., and Laura Martignon. "Naive Heuristics for Paired Comparisons: Some Results on Their Relative Accuracy." *Journal of Mathematical Psychology* 50, no. 3 (2006): 488–494.

Kay, John, and Mervyn King. *Radical Uncertainty: Decision-Making Beyond the Numbers*. New York: W. W. Norton, 2020.

Keller, Niklas, and Konstantinos V. Katsikopoulos. "On the Role of Psychological Heuristics in Operational Research; and a Demonstration in Military Stability Operations." *European Journal of Operational Research* 249, no. 3 (2016): 1063–1073.

Kirchner, Lauren. "Traces of Crime: How New York's DNA Techniques Became Tainted." *New York Times*, September 4, 2017.

Kirchner, Lauren. "Where Traditional DNA Testing Fails, Algorithms Take Over." *ProPublica*, November 4, 2016.

Klein, Gary A. *Sources of Power: How People Make Decisions*. Cambridge, MA: MIT Press, 1998.

Knight, Frank. *Risk, Uncertainty and Profit*. Boston, MA: Houghton Mifflin, 1921.

Kocher, Mininder S., Rahul Mandiga, David Zurakowski, Carol Barnewolt, and James R. Kasser. "Validation of a Clinical Prediction Rule for the Differentiation between Septic Arthritis and Transient Synovitis of the Hip in Children." *Journal of Bone and Joint Surgery* 86, no. 8 (2004): 1629–1635.

Kruschke, John K. "Models of Categorization." In *The Cambridge Handbook of Computational Psychology*, ed. Ron Sun. New York: Cambridge University Press, 2008.

Kumar, Neeraj, Alexander C. Berg, Peter N. Belhumeur, and Shree K. Nayar. "Attribute and Simile Classifiers for Face Verification." In *2009 IEEE 12th International Conference on Computer Vision* (Piscataway: IEEE, 2009), 365–372.

Lake, Brenden M., Tomer D. Ullman, Joshua B. Tenenbaum, and Samuel J. Gershman. "Building Machines That Learn and Think Like People." *Behavioral and Brain Sciences* 40 (2017): e253.

Larsen, Peter Thal. "Goldman Pays the Price of Being Big." *Financial Times*, March 13, 2007.

Larson, Christina. "China's AI Imperative: The Country's Massive Investments in Artificial Intelligence Are Disrupting the Industry—and Strengthening Control of the Populace." *Science* 359, no. 6376 (2018): 628–630.

Larson, Jeff, Surya Mattu, Lauren Kirchner, and Julia Angwin. "How We Analyzed the COMPAS Recidivism Algorithm." *ProPublica*, May 23,

2016, 5–9.

Lazer, David, Ryan Kennedy, Gary King, and Alessandro Vespignani. "The Parable of Google Flu: Traps in Big Data Analysis." *Science* 343, no. 6176 (2014): 1203–1205.

LeCun, Yann, Léon Bottou, Yoshua Bengio, and Patrick Haffner. "Gradient-Based Learning Applied to Document Recognition." *Proceedings of the IEEE* (1998).

Lessmann, Stefan, Bart Baesens, Hsin-Vonn Seow, and Lyn C. Thomas. "Benchmarking State-of-the-Art Classification Algorithms for Credit Scoring: An Update of Research." *European Journal of Operational Research* 247, no. 1 (2015): 124–136.

Letham, Benjamin, Cynthia Rudin, Tyler H. McCormick, and David Madigan. "Interpretable Classifiers Using Rules and Bayesian Analysis: Building a Better Stroke Prediction Model." *Annals of Applied Statistics* 9, no. 3 (2015): 1350–1371.

Liang Fan, Vishnupriya Das, Nadiya Kostyuk, and Muzammil M. Hussain. "Constructing a Data-Driven Society: China's Social Credit System as a State Surveillance Infrastructure." *Policy and Internet* 4 (2018).

Lichtman, Alan J. *Predicting the Next President: The Keys to the White House*. Lanham, MD: Rowman and Littlefield, 2016.

Lim, Wei S., Menno M. Van der Eerden, Richard T. R. Laing, Wim G. Boersma, Noel Karalus, George I. Town, et al. "Defining Community Acquired Pneumonia Severity on Presentation to Hospital: An International Derivation and Validation Study." *Thorax* 58, no. 5 (2003): 377–382.

Luan, Shenghua, and Jochen Reb. "Fast-and-Frugal Trees as Noncompensatory Models of Performance-Based Personnel Decisions." *Organizational Behavior and Human Decision Processes* 141 (2017): 29–42.

Luan, Shenghua, Lael J. Schooler, and Gerd Gigerenzer. "A Signal-Detection Analysis of Fast-and-Frugal Trees." *Psychological Review* 118, no. 2 (2011): 316–338.

Marcus, Gary, and Ernest Davis. "How to Build Artificial Intelligence We Can Trust." *New York Times International Edition*, September 11, 2019.

Martignon, Laura, Konstantinos V. Katsikopoulos, and Jan K. Woike. "Categorization with Limited Resources: A Family of Simple Heuristics." *Journal of Mathematical Psychology* 52, no. 6 (2008): 352–361.

Martignon, Laura, Oliver Vitouch, Masanori Takezawa, and Malcolm R. Forster. "Naive and Yet Enlightened: From Natural Frequencies to Fast and Frugal Decision Trees." In *Thinking: Psychological Perspectives on Reasoning, Judgment, and Decision Making*, ed. Laura Macchi and David Hardman, 189–211. Hoboken, NJ: John Wiley and Sons, 2003.

Medin, Douglas L., and Marguerite M. Schaffer. "Context Theory of Classification Learning." *Psychological Review* 85, no. 3 (1978): 207–238.

Montgomery, Nancy. "U.S. Seeks to Reduce Civilian Deaths at Iraq Checkpoints." *Stars and Stripes*, March 18, 2006.

Morgan, James N., and John A. Sonquist. "Problems in the Analysis of Survey Data, and a Proposal." *Journal of the American Statistical Association* 58, no. 302 (1963): 415–434.

Moyer, Virginia A. "Screening for HIV: US Preventive Services Task Force Recommendation Statement." *Annals of Internal Medicine* 159, no. 1 (2013): 51–60.

Musgrave, Alan. "Logical versus Historical Theories of Confirmation." *British Journal for the Philosophy of Science* 25, no. 1 (1974): 1–23.

Naik, Aanand D., Felicia Skelton, Amber B. Amspoker, Russell A. Glasgow, and Barbara W. Trautner. "A Fast and Frugal Algorithm to

Strengthen Diagnosis and Treatment Decisions for Catheter- Associated Bacteriuria." *PLOS One* 12, no. 3 (2017): e0174415.

Nosofsky, Robert M., and Thomas J. Palmeri. "An Exemplar-Based Random Walk Model of Speeded Classification." *Psychological Review* 104, no. 2 (1997): 266–300.

Nosofsky, Robert M., Thomas J. Palmeri, and Stephen C. McKinley. "Rule-Plus Exception Model of Classification Learning." *Psychological Review* 101, no. 1 (1994): 53–79.

Olson, Donald R., Kevin J. Konty, Marc Paladini, Cecile Viboud, and Lone Simonsen. "Reassessing Google Flu Trends Data for Detection of Seasonal and Pandemic Influenza: A Comparative Epidemiological Study at Three Geographic Scales." *PLOS Computational Biology* 9, no. 10 (2013): e1003256.

Payne, John W., James R. Bettman, and Eric J. Johnson. *The Adaptive Decision Maker*. Cambridge: Cambridge University Press, 1993.

Phillips, Nathaniel D., Hansjörg Neth, Jan K. Woike, and Wolfgang Gaissmaier. "FFTrees: A Toolbox to Create, Visualize, and Evaluate Fast-and-Frugal Decision Trees." *Judgment and Decision Making* 12, no. 4 (2017): 344–368.

Pisters, Ron, Deirdre A. Lane, Robby Nieuwlaat, Cees B. De Vos, Harry J. G. M. Crijns, and Gregory YH Lip. "A Novel User-Friendly Score (HAS- BLED) to Assess 1-Year Risk of Major Bleeding in Patients with Atrial Fibrillation: The Euro Heart Survey." *Chest* 138, no. 5 (2010): 1093–1100.

Pitt, Mark A., and In Jae Myung. "When a Good Fit Can Be Bad." *Trends in Cognitive Sciences* 6, no. 10 (2002): 421–425.

Pollan, Michael. *Food Rules: An Eater's Manual*. New York: Penguin, 2009.

Pozen, Michael W., Ralph B. D'Agostino, Harry P. Selker, Pamela A.

Sytkowski, and William B. Hood Jr. "A Predictive Instrument to Improve Coronary-Care-Unit Admission Practices in Acute Ischemic Heart Disease: A Prospective Multicenter Clinical Trial." *New England Journal of Medicine* 310, no. 20 (1984): 1273–1278.

Prasad, Vinay, Jeanne Lenzer, and David H. Newman. "Why Cancer Screening Has Never Been Shown to 'Save Lives'— and What We Can Do about It." *British Medical Journal* 352 (2016): h6080.

Prinz, Roman, Markus Feufel, Gerd Gigerenzer, and Odette Wegwarth. "What Counselors Tell Low-Risk Clients about HIV Test Performance." *Current HIV Research* 13, no. 5 (2015): 369–380.

Quinlan, J. Ross. *C4.5: Programs for Machine Learning*. Amsterdam, Netherlands: Elsevier, 1993.

Quinn, Paul C. "Beyond Prototypes." In *Advances in Child Development and Behavior*, ed. R. V. Kai and H. W. Reese, 161–193. San Diego: Academic Press, 2002.

Quinn, Paul C., Peter D. Eimas, and Michael J. Tarr. "Perceptual Categorization of Cat and Dog Silhouettes by 3-to 4-Month-Old Infants." *Journal of Experimental Child Psychology* 79, no. 1 (2001): 78–94.

Rakison, David H., and Lisa M. Oakes, eds. *Early Category and Concept Development: Making Sense of the Blooming, Buzzing Confusion*. Oxford: Oxford University Press, 2003.

Rivest, Ronald L. "Learning Decision Lists." *Machine Learning* 2, no. 3 (1987): 229–246.

Roberts, Seth, and Harold Pashler. "How Persuasive Is a Good Fit? A Comment on Theory Testing." *Psychological Review* 107, no. 2 (2000): 358–367.

Romig, Lou E. "Pediatric Triage: A System to JumpSTART Your Triage of Young Patients at MCIs." *Journal of Emergency Medical Services* 27, no. 7 (2002): 52–58.

Rubinstein, Reuven. “The Cross-Entropy Method for Combinatorial and Continuous Optimization.” *Methodology and Computing in Applied Probability* 1, no. 2 (1999): 127–190.

Rudin, Cynthia, and Joanna Radin. “Why Are We Using Black Box Models in AI When We Don’t Need To? A Lesson from an Explainable AI Competition.” *Harvard Data Science Review* 1, no. 2 (2019).

Sanborn, Adam N., and Nick Chater. “Bayesian Brains without Probabilities.” *Trends in Cognitive Sciences* 20, no. 12 (2016): 883–893.

Savage, Leonard J. *The Foundations of Statistics*. Mineola, NY: Dover, 1954.

Schroff, Florian, Dmitry Kalenichenko, and James Philbin. “Facenet: A Unified Embedding for Face Recognition and Clustering.” In *Proceedings of the IEEE Conference on Computer Vision and Pattern Recognition*, 815–823 (Piscataway: IEEE, 2015).

Seymour, Christopher W., Vincent X. Liu, Theodore J. Iwashyna, Frank M. Brunkhorst, Thomas D. Rea, André Scherag, Gordon Rubenfeld et al. “Assessment of Clinical Criteria for Sepsis for the Third International Consensus Definitions for Sepsis and Septic Shock (Sepsis-3).” *Journal of the American Medical Association* 315, no. 8 (2016): 762–774.

Silver, David, Thomas Hubert, Julian Schrittwieser, Ioannis Antonoglou, Matthew Lai, Arthur Guez, Marc Lanctot et al. “A General Reinforcement Learning Algorithm That Masters Chess, Shogi, and Go through Self-Play.” *Science* 362, no. 6419 (2018): 1140–1144.

Silver, David, et al. “Mastering the Game of Go without Human Knowledge.” *Nature* 550, no. 7676 (2017): 354–359.

Simon, Herbert A. *Models of Bounded Rationality: Empirically Grounded Economic Reason*. Cambridge, MA: MIT Press, 1997.

Simon, Herbert A. "Rational Choice and the Structure of the Environment." *Psychological Review* 63, no. 2 (1956): 129–138.

Simonoff, Jeffrey S. *Analyzing Categorical Data*. New York: Springer, 2003.

Şimşek, Özgür. "Linear Decision Rule as Aspiration for Simple Decision Heuristics." *Advances in Neural Information Processing Systems* (2013): 2904–2912.

Şimşek, Özgür, and Marcus Buckmann. "Learning from Small Samples: An Analysis of Simple Decision Heuristics." In *Advances in Neural Information Processing Systems* 28 (2015): 3159–3167.

Sinha, Pawan, Benjamin J. Balas, Yuri Ostrovsky, and Richard Russell. *Face Recognition: Models and Mechanism*. Cambridge, MA: Academic Press, 2003.

Smith, Jack W., J. E. Everhart, W. C. Dickson, W. C. Knowler, and R. S. Johannes. "Using the ADAP Learning Algorithm to Forecast the Onset of Diabetes Mellitus." In *Proceedings of the Annual Symposium on Computer Application in Medical Care* (American Medical Informatics Association, 1988), 261.

Smith, Liz, and Ken Gilhooly. "Regression versus Fast and Frugal Models of DecisionMaking: The Case of Prescribing for Depression." *Applied Cognitive Psychology: The Official Journal of the Society for Applied Research in Memory and Cognition* 20, no. 2 (2006): 265–274.

State Council. "Planning Outline for the Construction of a Social Credit System (2014–2020)." *China Copyright and Media*, June 14, 2014.

Sterelny, Kim. *Thought in a Hostile World: The Evolution of Human Cognition*. Hoboken, NJ: Wiley Blackwell, 2003.

Stiglitz, Joseph E. *Freefall: America, Free Markets, and the Sinking of the World Economy*. New York: W. W. Norton, 2010.

Super, Gary. *START: A Triage Training Module*. Newport Beach, CA:

Hoag Memorial Hospital Presbyterian, 1984.

Taleb, Nassim Nicholas. *Skin in the Game: Hidden Asymmetries in Daily Life*. New York: Allen Lane, 2018.

Tan, Jolene H., Shenghua Luan, and Konstantinos V. Katsikopoulos. "A Signal-Detection Approach to Modeling Forgiveness Decisions." *Evolution and Human Behavior* 38, no. 1 (2017): 27–38.

Tanner, Wilson P., Jr., and John A. Swets. "A Decision-Making Theory of Visual Detection." *Psychological Review* 61, no. 6 (1954): 401–409.

Thompson, William C., Franco Taroni, and Colin G. G. Aitken. "How the Probability of a False Positive Affects the Value of DNA Evidence." *Journal of Forensic Science* 48, no. 1 (2003): 1–8.

Todd, Peter M., Gerd Gigerenzer, and the ABC Research Group. *Ecological Rationality: Intelligence in the World*. New York: Oxford University Press, 2012.

Trafimow, David. "Hypothesis Testing and Theory Evaluation at the Boundaries: Surprising Insights from Bayes's Theorem." *Psychological Review* 110, no. 3 (2003): 526–535.

Tukey, John Wilder. *Exploratory Data Analysis*. Boston, MA: Addison-Wesley, 1970.

Tversky, Amos. "Elimination by Aspects: A Theory of Choice." *Psychological Review* 79, no. 4 (1972): 281–299.

Tversky, Amos, and Daniel Kahneman. "Judgment under Uncertainty: Heuristics and Biases." *Science* 185, no. 4157 (1974): 1124–1131.

United Nations Assistance Mission to Afghanistan. *Human Rights' Group Annual Report on the Protection of Civilians in Armed Conflict*. Kabul, Afghanistan, 2012.

US Preventive Services Task Force. "Screening for Skin Cancer: US Preventive Services Task Force Recommendation Statement." *Annals of Internal Medicine* 150, no. 3 (2009): 429.

van Rooij, Tibor, Mary Roederer, Todd Wareham, Iris van Rooij, Howard L. McLeod, and Sharon Marsh. "Fast and Frugal Trees: Translating Population-Based Pharmacogenomics to Medication Prioritization." *Personalized Medicine* 12, no. 2 (2015): 117–128.

Wald, Abraham. *Statistical Decision Functions*. New York: Wiley, 1950.

Welch, Gilbert H., Steven Woloshin, and Lisa M. Schwartz. "Skin Biopsy Rates and Incidence of Melanoma: Population-Based Ecological Study." *British Medical Journal* 331, no. 7515 (2005): 481.

Woike, Jan K., Ulrich Hoffrage, and Jeffrey S. Petty. "Picking Profitable Investments: The Success of Equal Weighting in Simulated Venture Capitalist Decision Making." *Journal of Business Research* 68, no. 8 (2015): 1705–1716.

Wübben, Markus, and Florian V. Wangenheim. "Instant Customer Base Analysis: Managerial Heuristics Often 'Get It Right.'" *Journal of Marketing* 72, no. 3 (2008): 82–93.

Zhao, Sihai Dave, Giovanni Parmigiani, Curtis Huttenhower, and Levi Waldron. "Más-o-Menos: A Simple Sign Averaging Method for Discrimination in Genomic Data Analysis." *Bioinformatics* 30, no. 21 (2014): 3062–3069.

Zięba, Maciej, Sebastian K. Tomczak, and Jakub M. Tomczak. "Ensemble Boosted Trees with Synthetic Features Generation in Application to Bankruptcy Prediction." *Expert Systems with Applications* 58 (2016): 93–101.